車中は大騒ぎっ

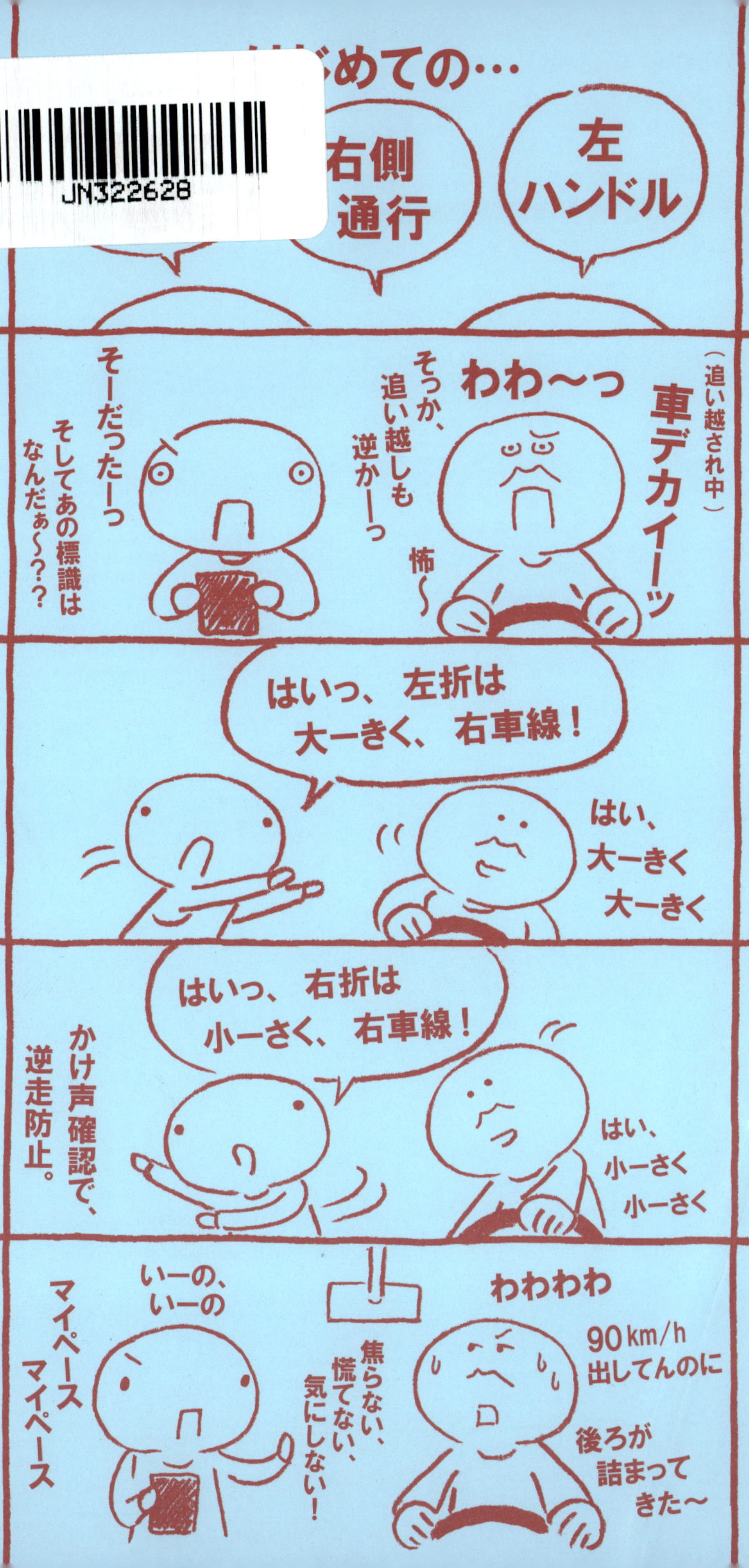

← 一番後ろに続きます。

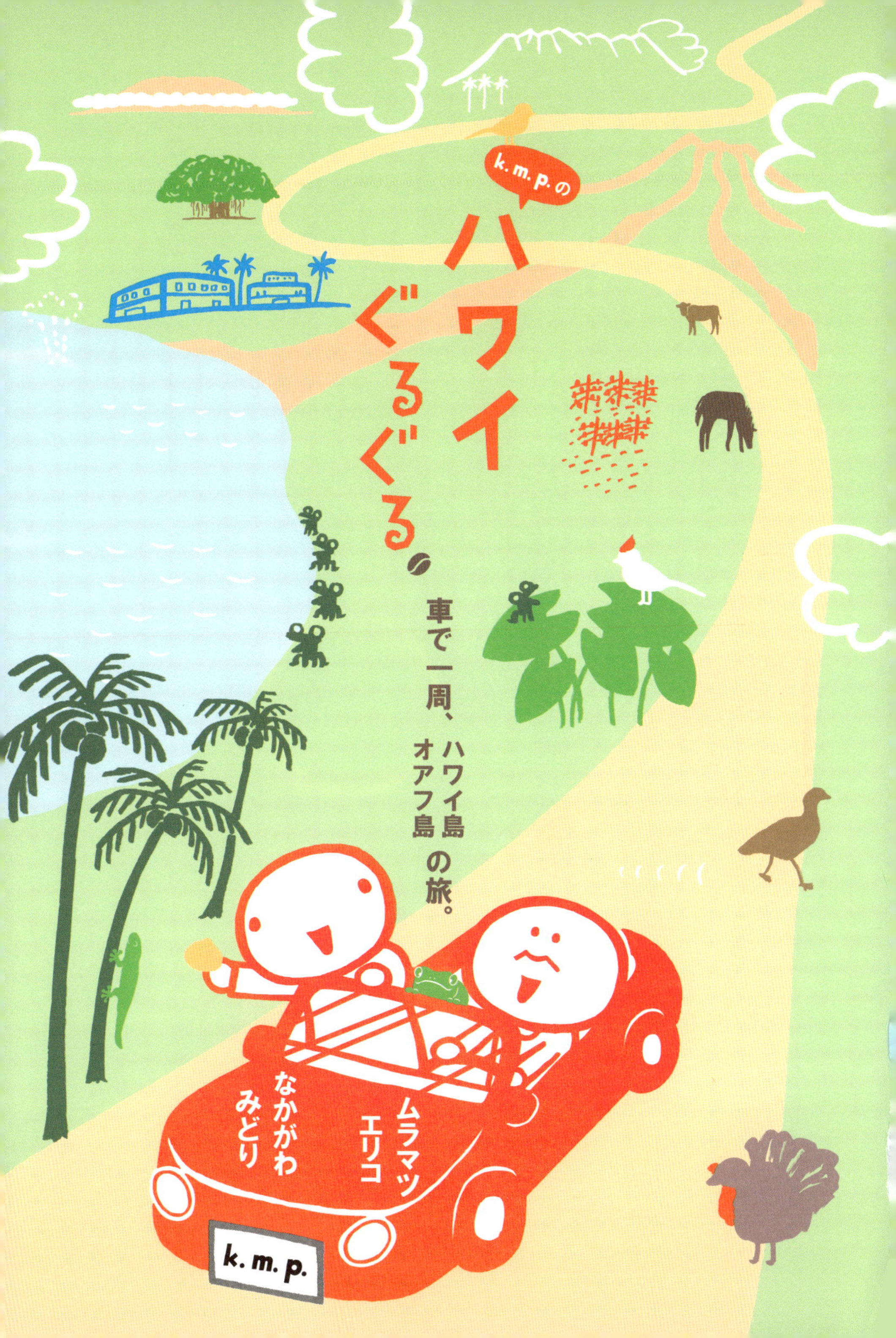
k.m.p.の
ハワイぐるぐる。
車で一周、
ハワイ島
オアフ島 の旅。
なかがわみどり
ムラマツエリコ
k.m.p.

ハワイ島に行ってみたい。
調べてみると、
この島をまわるには、
「車」じゃないとムリみたい……。
「えっ、車〜？」
そうわかった時にはもう、
この島に行きたいキモチが
ふくらんでいたので、
今まで考えたことのなかった
〈海外での運転〉を
真剣に考えてみた。

右側通行のこと、交通ルールのこと、
借りかた、保険のこと……
はじめてのことばかりで
考え始めたら怖くなってしまうけど、

一方で、
ひとつひとつ調べて
わかっていくうちに、
挑戦してみたい！
というキモチもうまれてきた。

やってみようか、
車で移動する旅。
約3週間かけて、
ハワイ島一周の旅。

ハワイ島

おもに私たちが訪れたところを記しています。

ハワイ島。
面積は
岐阜県とほぼ同じで、
東京都の約5倍。
休憩なしで
一周しても、
6時間くらい
かかるらしい。

ハワイ諸島

ハワイ島は、別名ビッグ・アイランド。ハワイ諸島の他のすべての島がすっぽり入ってしまうほどの大きさ。

ぐる――っと 行くよ

カウアイ島
ニイハウ島
オアフ島
ホノルル国際空港
モロカイ島
マウイ島
ラナイ島
カホオラウェ島
ハワイ島
(Big Island)
コナ国際空港

オアフ島は、あの有名なワイキキのある島。面積は香川県より少し小さいくらい。

あちこち 行くよ

・オアフ島の大きなMAPは、128頁にあります。

もくじ

ハワイぐるぐる

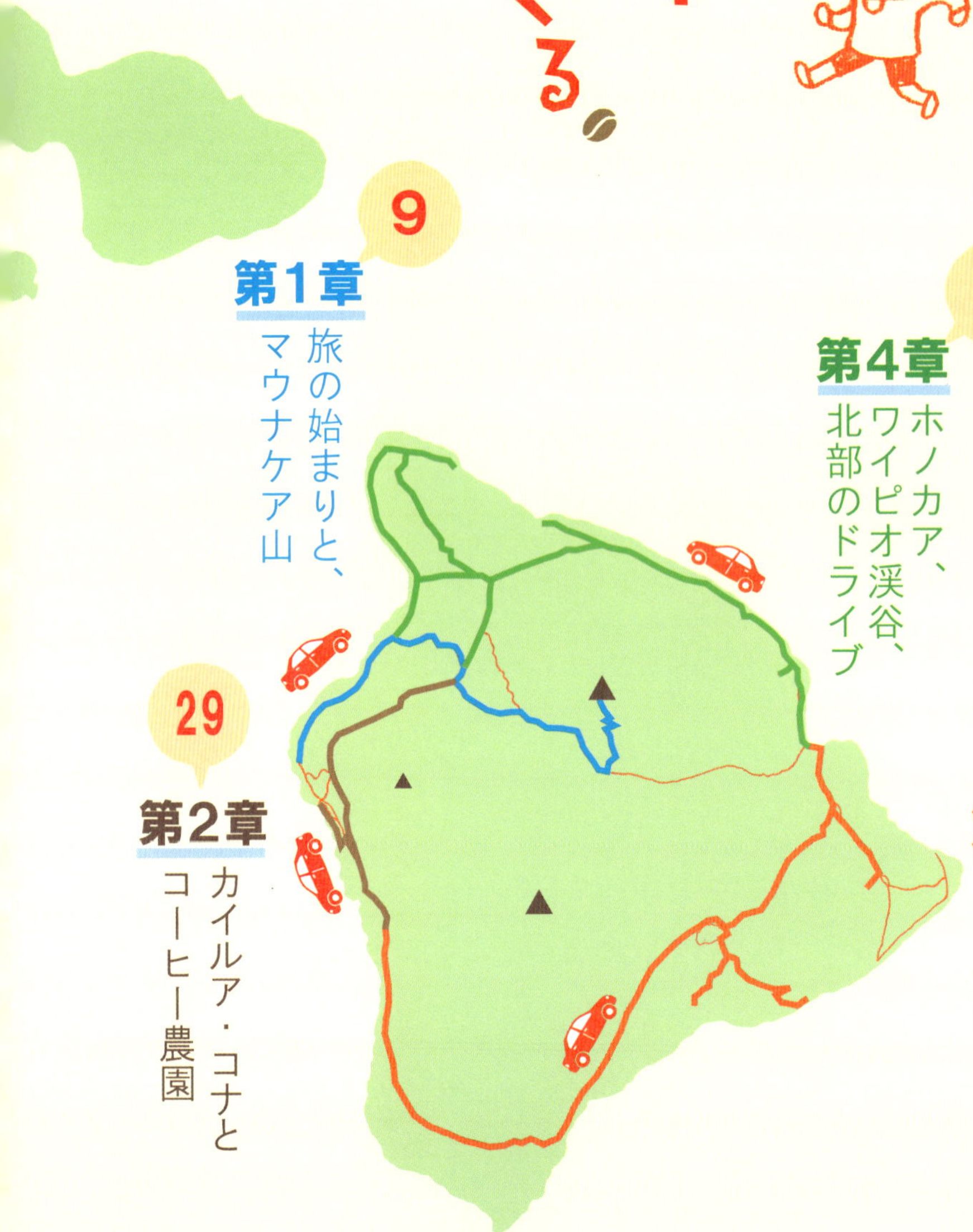

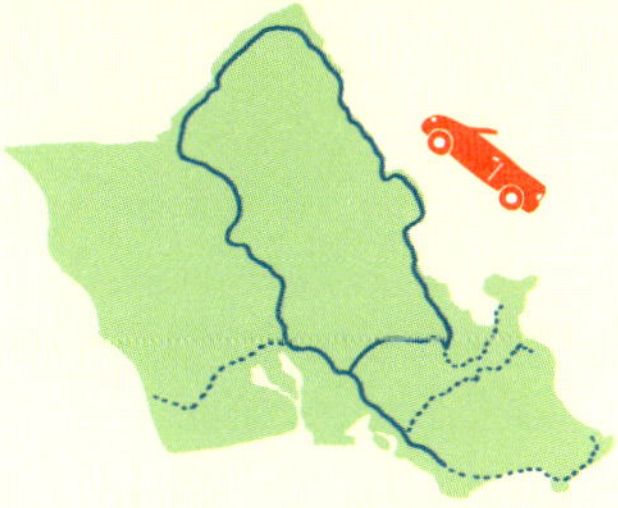

第5章 オアフ島編

MAP

コラム

行ってみよー
なかがわ、ナビ担当。
ムラマツ、運転担当。
k.m.p.

第1章
旅の始まりと、マウナケア山

ハワイ島へは、ホノルルから飛行機で30分ほど。
午後3時頃到着する便を予約していたが、出発が遅れ、
ハワイ島のコナ空港に着いたのは、4時半。
レンタカー店に着いたのは、5時を過ぎていた。
私たちは焦っていた……

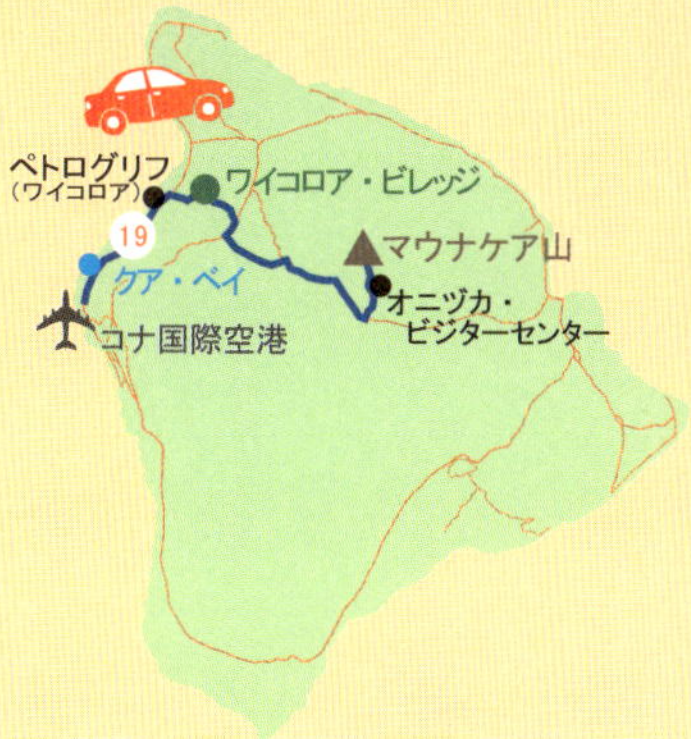

レンタカーを借りる

そのレンタカー店の受付には、
たくさんのお客が並んでいた。
それなのに、1組に15分くらいかけて、
たのしそうにおしゃべりしながら応対してる。
早くぅ〜

一番後ろの私たちに
順番がまわって来た時には、
もう、6時を過ぎていた。
早く早く〜〜

約束があるわけじゃないのに、
こんなに焦る そのワケは……

——日が暮れちゃうから！

海外で運転するのは はじめて、
右側通行、左ハンドルも はじめて、
道も知らない、はじめての土地。
そして、はじめて乗る大きな車。
それだけでも不安いっぱいなのに、
いきなり、「夜」の運転なんて……

しかし、乗り込んだ時、
太陽は すでに沈んでいた……

■一方、車の受け渡しは…■

受付では あんなに、ゆったり＆多弁だったスタッフ……。「車の受け渡し」になったら、カギを渡して さっさと帰ろうとする。えぇ？ 説明とか ないんですか？ 最低限の操作は きいておかないと！ と、慌てて質問をするが、1コ教えては「じゃあがんばってね〜」と切り上げようとするので、引きとめるのが大変。

日が暮れてゆく……

■残念な地味車■

車は…「シルバーのフォード」。
もうちょっと かわいい車を
期待してたんだけど、地味……

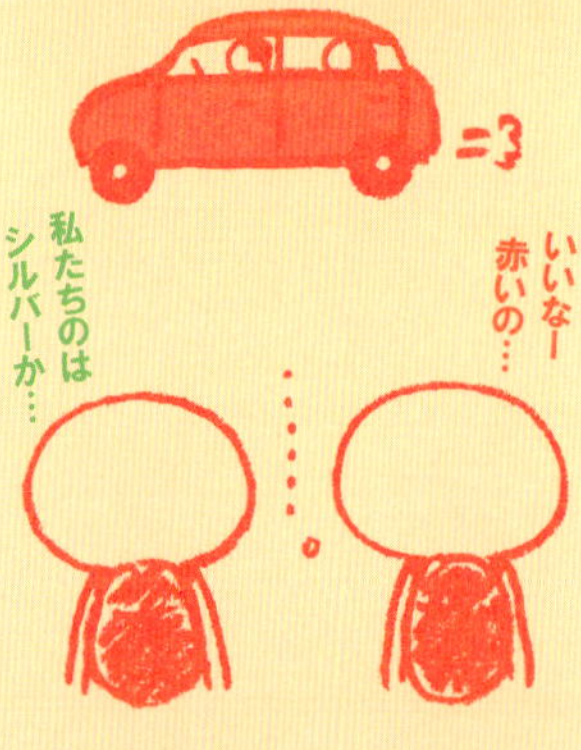

私たちの前の人が、
「真っ赤で かわいい車」に乗って
去っていった……

・レンタカーは、日本から予約して行った。保険は、入れるものには全部入り、現地では、ロード・サービスにも加入。
・運転は、ムラマツ担当ですが、なかがわも、一応は免許を持っているので、ドライバー2名の保険に。
・車のタイプは、下から2番めの「コンパクト・カー」に。（荷物がゆったり入るので）

真っ暗闇の(初)ドライブ

ほんとは その場で練習してから路上に出たいとこだけど、早く行かないと真っ暗になっちゃうので、あれこれ考える間もなく、出発。

……乗って数分で、いきなり交通量の多い大通りへ。

大通りといっても、片側一車線ずつしかなく、もたもたしている私たちの後ろには、あっという間に渋滞が出来てしまった。

「き、気にしない、気にしない！ マイペースで行こ！」

「そ、そうだよね！」

プレッシャーに押しつぶされそうになりながら、焦らないようにと自分たちに言いきかせて走る。

もう、すっかり暗くなったが、それにしても、この道路、なんでこんなに暗いんだ？

見えるのは、中央のラインに埋め込まれた反射板と、対向車のヘッドライトだけ。

カーブでは、対向車が正面から向かって来るみたいに見えて、とても怖い。なんだろう、この違和感……

……あ、街灯がないのか……

そして、両脇に建物が、一軒もない……

〈制限速度55マイル〉（約90km/h）という標識が目に入った。

手元の計器は、40マイル（約65km/h）。

さすがにもう少しスピードを上げないと……

少しだけアクセルを踏み込んだ。

路肩の不思議

＊写真は わかりやすくするために明るくしてありますが、実際はもっともっと暗いです。

なんなんだ？
この右の道、
車線じゃないの？
遅い車は
こっちを走ったほうが
いいのかな？
それにしちゃ
車が走ってなさすぎか…？
もし路肩だったら
車が停まってるかも
しれないから
危ないよね……
それにしても、
後ろの車、どうして
追い越さないんだろ？
それこそ、この右の道を
使えばいいのにー
あ、でも日本と逆なんだから、
追い越すとしたら
自分の左側からか？
とすると、
対向車がひっきりなしだから
それは出来ないってことなの…か？
……あー、
わからなーい！
対向車線
走行車線
路肩？
（走行車線とほぼ同じ幅）

私たちが走ってる右にもう1本、ほぼ同じ幅の道があるのだが……なぜか誰も走っていない……ことが気になってしょうがない。大渋滞を引き起こしてる私たちは、右の道を走るべきなのだろうか？
後ろの人はそう思ってるんじゃないだろうか……そう考えながら、時速 80 ～ 90 キロで知らない道を走るのは、想像以上に怖くて……。 ずっと、目をかっぴらいて、びっくりした顔のまま、走っていた気がする。

・対向車のヘッドライトがすごくまぶしくて、ハイビームにしてるように感じられたんだけど、どうなんだろう？
・自分たちはというと……この車のライトは、自動で点灯するタイプのもので……また、ハイビームにするスイッチも見つけられず……よって、自分たちの車が ハイビームになっていたかどーかも、よくわからず……

なんとか宿に到着～

宿のオーナーさんが、とても丁寧な道案内を
サイトに載せてくれていたので、
それをプリントし、準備万端だと思っていた。
けれど、夜道では、そこに載っている看板も
目印も、まったく見えないのだった……

真っ暗な中、
何度か違う道に入っては、Uターンして……
当初の予定では5時に着くはずが、
……結局、夜8時過ぎに、
なんとか宿にたどり着きました。

もう、行くしかないという一心で
なんとかここまで走ってきたけど……
車にしても、道にしても、
わからないことだらけ。
明日から大丈夫なのか～……？

荷物を置いて ひと休みした後、
真っ暗な庭に出てみる。

あっ……
……流れ星。

不安は いっぱいあるけれど、
とにかく新しい旅が始まった。

■その夜……■

2人して、ヘンなところが筋肉痛。

なんだろ？目の脇がすっごく痛いんだけど……
なんでふくらはぎが張ってるんだろう？？
イタイ
イタイ
なんでイタイ

推測

■運転中……■

緊張のあまり、チカラが入ってた部分。

■役割分担は■

まともな運転歴8年。（でもほとんどが、家と仕事場の往復）愛車は、赤い軽自動車。

まともに運転したのは免許を取ってからの数年だけなので、今回はナビに徹するつもり。

ムラマツ
運転担当
なかがわ
ナビ担当

■パニック状態の車内■

道がよくわからない上に、真っ暗で……
頼れるのは、手元のナビ（スマホ）だけ。

あと○マイルくらい行ったら右折みたい！
あ、信号が見えてきた！あそこかも！
あーっ！ここだ！そこ右折～
ええっ、じゃあ、右に寄せるのか？右ウインカー出さないと！
あ、右折は、小さく右車線～♪＊だよ！
はーい
はーい

＊「右折・左折した時に、違う車線に入ってしまう（＝逆走）」……というミスをしないように、合言葉を決めていた。
♪左折は大きく右車線～♪　♪右折は小さく右車線～♪

・イラストでは、「シートベルト」の着用は、省略しています～

次の日 最初の宿、最初の朝食

翌朝、鳥の鳴き声で 目が覚めた。
外に出てみると、うーん、 風が きもちいい！
昨日は真っ暗だったので
ここがどんなところなのか
わからなかったけど、
宿の庭は、きれいな芝生で、
目の前の風景は、緑の地平線と、青い水平線。
建物は見えなくて、驚くほど広大だった。

シャワーを浴び、裏のテラスで朝食。
ここは住宅街だけど、
いろんな鳥がやってくる。
チュイー、トントントン。
変わった鳴き声。
その声のほうを見ると、
赤い鳥が、パパイヤの実をつついていた。
部屋には たくさんの本が置いてあり、
その中の〈ハワイの鳥の図鑑〉を開いてみる。
カーディナル、という鳥……かな？
（そういえば野球チームの名前にあった？）

……さて、
こんなふうに
のんびり過ごすのも捨てがたいけど、
がんばって、車で出かけてみようかねー。

日本人オーナーが構える一軒家……のうちの一部屋を貸していただくスタイルの宿、アロハ・ブリーズ。

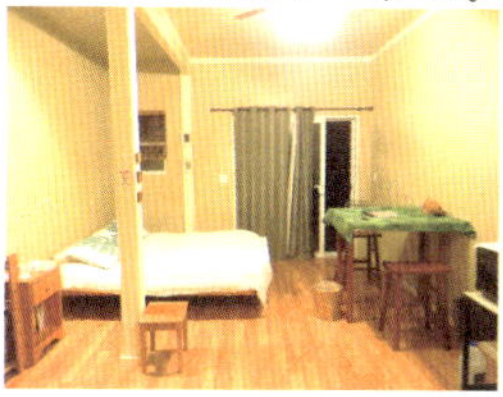

住宅街の中なのに、端に位置するため、この抜け感。遠くには海も見える。
この景色にこだわって、建てられたのだろうなあ。

芝生のお庭

この光景……溶岩の上に草が生えているんだろうか。イメージしてる「ハワイ」と違うけど、これがハワイ島なんだな……きっと。これから出会う風景に、期待がふくらむ。

隣の家のパパイヤの木にやってきた、赤い鳥。

白い塀にヤモリが現れた。え、黄緑色なの？かわいい！

ふと思ったんだけどさ…
バナナの皮って使い道ないのかな？
コレコレ
えーと
……トゲが刺さったとこに塗るといい……だって
トゲなんて、何年も刺さってないよ、使えないなー

シチュエーションと無関係な話題で盛り上がる。

■テラスで朝食■

部屋の裏にあるテラスで、朝食をとる。

昨日来る途中のスーパーで買ったバナナとカットフルーツ、飛行機で残したパンとケーキ、そして、コーヒー。

・オーナーに、昨夜の道のことをきいてみた。やっぱり右の道は「路肩」らしい。大渋滞をつくってしまっても、そのまま焦らず走るしかないようなので、あれでよかったようだ。ハワイ島のドライバーは、こんな観光客に慣れて（諦めて）いるのかも…

さあ、車で出発だー

昨日は無我夢中だったけど、
再び運転席に腰を下ろしてみると……
……よく走って来たもんだ……
と、恐ろしくなる。

出発前に、あらためて、
あちこちをチェックする。
アクセル、ブレーキ、ギア、ウィンカー、
窓やトランクのスイッチの位置……
昨日は出来なかった、
音楽プレーヤーのセットも。
座席の位置も、時間をかけて調整する。
普段乗っている車より、
ずっと大きいこの車、
運転席から見える範囲も違って、とまどう。
一通り確認して、いよいよ出発。

昨日通って来た道を、
引き返すように進む。
……こ、こんな風景だったのか!!
昨夜は ほとんど見えなかった景色。
見えないにしても、なぜこんなにも
「道の両側が真っ暗」なんだろう……？
と思っていたが、そこは、
真っっっ黒の、
溶岩の大地だった！

今朝 最初に目にした景色が、緑豊かな住宅地だったので、そこを出た途端の、この荒涼とした風景に驚く。

一見、土のような茶色のデコボコも、溶岩。

かわいい山（丘？）もポコポコ、ある。

溶岩のすきまから、猫じゃらしのような植物が生え、光を受けてキラキラ揺れてる。

風景が気になるけど～

うわぁ こんな風景 だったんだー
溶岩って こんなふう なんだ～ これってこの先 片付けたり するのかな？
「工事中で 土を掘り返し てる」ように 見える。何かの 建設予定地な 気がして しょうがない
チラッ
チラッ
チラッ
→横目で見てる。

運転に集中しなくちゃいけないけど、風景が見たい。
……と、ちょっと気を抜いてスピードを緩めると……
あぁ～、また後ろが渋滞気味になってるぅ～

・自分の日本の軽自動車は、サイドガラスから下を覗くと「地面」が見えるけど、この車は、ふくらんだデザインなのか、全然地面が見えない。フロントガラスから見える範囲も、まったく違う。

今日の目的地は、
ワイコロア・ビーチ・リゾート。
その敷地内には、いくつものホテル、
2つのショッピングセンター、
ゴルフ場やビーチ、溶岩も遺跡もある。
敷地内の移動が、徒歩では大変そうな、
広大なリゾート。

私たちの宿から近いし、
その敷地の中で運転の練習も出来そう
……ということで、
ここを最初の観光の目的地とした。

さて、今日は、
ゆっくりと敷地を一周して、
遺跡を見て、買い物をして、
海辺の夕陽が絶景とのことなので、
それを見て……
という予定で行こーー！

はじめての駐車は、
木陰を選ぶ余裕ぶり？

■初心者マーク■

リゾート内を歩いていた、社員旅行らしき日本人のおじさんたちが、私たちの車を見て……

……いえ、これは
日本だけで使われるマーク。
が、「一部の外国人から認知されてるらしい（カワイイから）」のと、
「ハワイ島には日本人ドライバーも多いだろう」ということで、
安全運転のために
少しでも役立てば、と思い、
日本から持ってきたのです。

■すみませんうちわ■

車が流れている道に入りたい時に、
うまく譲ってもらえるか不安だったので、
表には「ちょっと待ってください」、
裏を返すと「ありがとう」、とかいた
〈うちわ〉を、作って持っていきました……

・うちわ、こんなに巨大ではありません。フツーの大きさです。念のため。
・しかしこのうちわ……あまり使うチャンスはありませんでした。なぜなら、ハワイ島のドライバーの方々はとてもマナーがよく、親切に道を譲ってくれることが多かったのです……

ペトログリフと夕陽

ペトログリフとは、
溶岩などに刻まれた彫刻のこと。
ここハワイ島にあるのは、
「ぐるぐる」だったり
「人のカタチ」だったり。
彫られた時期やその理由も、
あまりわかっていないらしい。

←こんなの。

今日歩いた一帯には、
その他に、風よけの壁や
煮炊きの跡のようなものがあり、
それは、昔、旅人がここで
過ごした形跡のようだ。
だとしたら、ペトログリフは、
訪問記念の落書きだったのかな。

その後、車で、
敷地内のビーチ方面へ。
砂浜を歩き、
夕陽がキレイなポイントを
探してスタンバイ。
陽が落ちた後の、
刻々と変わっていく
空の色がすきで……
それから、たっぷり1時間以上、
暗くなるまでそこを離れられなかった。

隣はすぐゴルフ場。
ほんとにリゾート地の一角。

Cの形をした、ロックシェルター。

C形に岩を積んであるのは、
風よけのため。
ここで野営をしたらしい。

溶岩の上に座ってみると、陽の光であったかくなってる。
その温度を、「まだ冷えてない溶岩」と妄想してみる。

かまどのような形。
火を使った形跡も。

旅人がここで宴会したのかな。

人は、「文」という字に似てる。

馬に乗った人？

◎は、何の意味なんだろう？

色が
どんどん
変わる〜
まだここに
いたい〜
でも
そろそろ
行かないと
暗く
なっちゃう!!

沈む
沈む〜

・ペトログリフの中には、最近描かれた落書きも混じっているとか。それじゃあ、余計に分析するのに混乱しちゃうよ…
・キングスビレッジ（ショッピングセンター）は、とても閑散としていた……夜は賑やかなのかなぁ。
・→その中のアート作品を集めた店がよかった。とくに、細かい絵の中にデメキン？が隠れている「BOBを探せ」シリーズ。

リゾートホテルの中で遭難っ？

わーっ、もう真っ暗だよ！　車へ戻らなきゃ!!
ビーチを歩いて戻るには暗すぎる!!
明るくて安全そうな、「ホテルの中を通る道」
から、駐車場へ戻ることにした。
しかし、ホテルを抜けた後、
時計回りに戻ればいいだろうと思いきや、
真っ暗な空き地（?）に出てしまった。
怖くなって、
遠くの灯りのある方へ ぐんぐん進んだら、
それは、反対方向……
引き返し、真っ暗な道をうろうろしていると、
「ビーチ→」という立て看板を発見。
よかったー、来た道を戻れるね、と
そちらに進むが、いつまでたっても
ビーチに着かない。
（そもそも暗すぎて、ビーチが近いのかもわからない）
それにしても真っ暗だ。
ここってまだ、リゾート地の中だよね？
持っていた小さなライトの光だけが希望……
……遭難？　そんな言葉が頭をよぎる。
間違ってるかもと思いつつ、その道を進み続けるしかない。
すると、前のほうでガサガサと音がした。野犬!?
……と思ったら、人だった。
顔も見えないその人が、「グッド・ラック」と言った。
ほっとしたような、よけいに怖くなったような……

地図ではここのはず…
…が、違う…
どど、どーしよ…
と、とにかく進もう…
ドキドキドキ…
ヤバイ…
遭難？？…
…ほんとに？

真っ暗闇の中、歩き続けて30分、
やっと見覚えのあるビーチの門が！

で、出た……
ここだ…

ハワイ島は自然保護の意識が高く、灯りも極力なくすようにしているようで……それはたとえリゾート地の中でも、徹底してるようです……

・そうだ、そろそろ次の宿を探さなければならない。もしかして「飛び込み」でも見つけられるんじゃないか、と思って、最初の宿以外、予約しないで来てみたが、この、溶岩しかない道（建物がまったくない！）を見ていて、不安になってきた……飛び込みで探すの……ムリか？？

次の日　車でビーチに行ってみよう

今日は、海へ行く。（見るだけじゃなくて、入る）
調べたら、ハワイ島の西側には、多くのビーチがあった。
すべてには行けないので、絞らなくちゃ……悩む。
その中に、「行きやすい中では、海の色が一番美しい」
というビーチがあった。その2つはうれしいポイント♡
そのビーチの名は、クア・ベイ。

10時過ぎに着くと、駐車スペースは ひとつだけあいていた。
危なかった～（後から来た車は、隙間にムリヤリ停めてた。そんな高度な技はムリ）
海は、そこから岩場を下ったところにあるので、
もう眼下には、強烈な「青」が広がっている。
早く早く、と、キモチがはやる。

砂浜に着くと、まず陣地を決めて荷物を置く。
そして交代で海の中へ。
手前の浅瀬でも、かなりたのしい波が来るので、
臆病な自分でも、充分、波とあそべた。

12時、持ってきたおにぎりを食べていると、
空がだんだん曇ってきた。この辺りの気候は
「午後から雲が出てくる」ときいてたけど、
ほんとなんだな。曇ると、水の色が全然違って見える。
そして、だんだん、潮が満ちてきたのか、
溶岩の棚に置いた荷物に、波が びしゃーん！
慌てて どかしたものの、半分濡れてしまった。
……し、潮時ですか……？
引き上げるタイミングがとってもわかりやすい気候……
さあ、今日はもう帰って、のんびり過ごそう。

ヤシの木はなく、溶岩と草のビーチ。
でも、きれいな砂浜があるので、
「ゴツゴツした岩場の海岸」ってこともない。

わー
わわー
早く
下りたい！

おーい

砂はなめらか。時々黒い粒が混じっているのが
ハワイ島らしい。（たぶん溶岩が砕けたもの）

手前の水色と、遠くの濃い青。
そして波が上がると、まるでゼリーのような透明感！

海の中にはサンゴがなく、砂があるだけ。だから水の色は透明だし、
入っても足の裏がキモチイイ。（オアフ島のカイルア・ビーチに似てるかも）

荷物を置く場所は、この溶岩。
穴を見つけて、
ワイヤーのカギで つないでおく。

どーも。
荷物番です

・お弁当は塩にぎり。頬張っていたら珍しそうに見る人がいたので「ライスボール」と言ってみたら、「I see.」と目でうなずいた。
・時々、水平線付近で、不自然なしぶきが上がる。波……？ ……いや、たぶん、鯨だ！

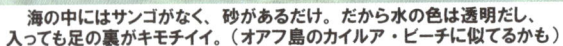

スーパーマーケット事情

帰る途中でスーパーマーケットへ。
外国のスーパー巡りは、だいすきだけど、
「高い」ということが、こんなにも
たのしさを半減させるものなのかと……
だんだん見る気も失せていく自分にびっくり。
オアフ島のワイキキよりは安いんじゃないか
……と思っていたが、逆だった。
考えたら、物資がオアフ島経由で届くとしたら…
やはり観光地だし…そして円安もあり……
こちらのほうが高い理由が揃っていた。

というわけで、
なんとか、その中でも安いものを探す、
……というのが、今回の買い物スタイルに。
ちょっとさみしい、そして悲しい……けど、
切り替えれば、
工夫のし甲斐があるということだ!!
買えるものの中で、ギリギリ、
ひもじい気分にならないメニューを
考えよう。それもたのしいはず。

週末になれば、
きっとファーマーズマーケットで
安くて新鮮な野菜やフルーツが
買えるだろうし♡

カットフルーツがこんな ちょっとで8ドルだって！ここ、南国でしょーが!!

■私たちのお買い物■

こんな庶民的なパンが、6ドルとか！現地の人、生活していけるの？心配になるよ！
コレ食パンだよ？食パン！

……文句ばっか言ってますが、
こう見えて、この状況をたのしんでいる
姿ですので、ご安心ください。

■なんとか買えたもの■

とりあえず買ったのは、食べてみたかったアメリカ牛肉と、朝食用のパンやヨーグルトなど。

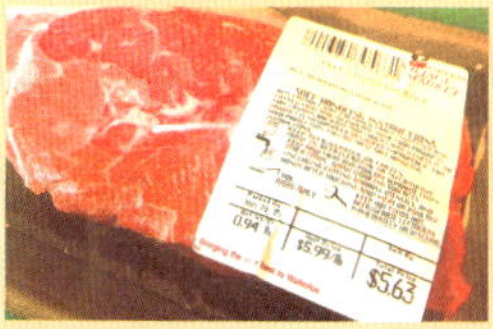
$5.99
$5.63

牛肉の価格は1ポンド（約450g）あたり＄6～18までいろいろ。まずは一番安いのを買ってみる。

IDAHOAN
BABY REDS
IDAHOAN
BUTTERY HOMESTYLE
IDAHOAN
ROASTED GARLIC

お湯だけで作るマッシュポテトを発見。（$1.69）種類も豊富で、のちに、この旅の救世主に。

Blueberry

ほぼ毎日食べたヨーグルト。いろんな味がある。1コ$1もするが、それでもこのシリーズが一番安い。

PITA
Cream Cheese Spread

なぜか、ピタパンが一番安かった（それでも6枚で$3.39）。パンに付けるホイップチーズは8オンス（約225g）で、$3.49。

・その他、水1ガロン（約3.8ℓ）＄5、チンゲン菜$2.27、バナナ2本で＄1、小さいパスタ2袋で＄1、プリングルス$1.80、ハム（ペラペラなの数枚で）80¢など。これらは「買えたもの」なので、価格はまだマシなほう……生鮮も、缶詰などの加工品も、どっちも高い。島でつくってるものも高いのかな、全部他の島から運んでくるのかな。

明日のこと、そして自炊

明日は「マウナケア山で夕焼けと星空を見るツアー」に参加の予定。
（そこに行くまでの道は、レンタカーでの通行が禁止されているので）
車で、ほぼ一気に富士山より高い山に登るということで、
ここ数日あまり体調がよくなかった　は、
急な気圧の変化に耐えられるかどうか、心配になってきた。
「途中の休憩ポイント＊まで行って、もしムリそうだと感じたら、そこで待っていればいいんですよね？」
と、宿のオーナーに電話で確認してもらうと、
1人だけ残して先に進む、ということは出来ず、
その場合は、全員で下山することになるとのこと。
な、なにそのシステム、高山病より、
そっちのほうが、よっぽど恐ろしいよ！
……ということで、　だけが参加することに。
旅のあいだ、あまり別行動をとることがないので、
ちゃんと見てこられるか、不安……
そして1人参加なんて自分だけだろうなあ、
という不安。

いってらっしゃい、いってきます、の
カンパイをしよう、というワケで、
今日の夕食、メインディッシュは、ステーキ！
もちろん、アメリカ牛（……の一番安いやつ）。
ここのお宿は、キッチンも道具もお皿も
充実しているので、料理するのが快適でうれしい。
さあ、お肉のお味は、いかがかなー。

最初の自炊

PAGASA

節約のため…と言いつつ、旅先の食材で料理をするのは、じつは、たのしみでもある。

じゅ〜

食事の準備がすべて出来てから、最後にお肉を焼き始めます。

BUD LIGHT

焼き加減は、ミディアムレア。ソースはシンプルに、塩と少しの醤油、そしてわさび。付け合わせはチンゲン菜と、アイダホアン（↑例のマッシュポテト）。
お味は…カタイ!! …んだけど、パサパサではなく、味が濃くジューシーで、なかなかおいしかった。こっちの人は歯ごたえがあるほうがすきだときいていたけど、その意味がちょっとわかる。そして冷めてもおいしい！のにも感動。

明日の山、4200メートルだって、すごいよねー
それって雲より上だよね？
お！じゃあ、絶対 晴れ だ！
でも山頂が「雪化粧」してるんだよね……？
あれ？
あ…山頂の上にも、雲があるかもしれないってことかー ムムム

夕方、庭先にて。
不安と緊張のためか、
しょーもない話題を延々と。

＊オニヅカ・ビジターセンター。2800m 地点にあり、頂上に行く人は身体を慣らすため、ここで 30 〜 40 分ほど休憩する。
・次の宿、なかなか選べず。ちょうどこの宿で「代行予約」をしていた、キャプテン・クックという町のマナゴ・ホテルに決め、予約をしてもらいました。

次の日 マウナケア山ツアーに出発

ツアーの集合は午後2時なので、それまで部屋でゆったりと過ごす。洗濯をしたり、昼寝をしたり……そしてゆっくりとお昼ごはん。

ツアーは、ドライバー兼ガイド氏率いる、十数名（全員日本人）。ご夫婦、親子、友人同士などの中、やはり、1人参加は自分だけ。休憩ポイントに着くと、お食事タイム。友人同士で参加の方が誘ってくれて、ほっとした。みなさん ハワイ島には4〜5日程の滞在だそうで、「3週間かけて車でまわる予定」だと言うと とても驚かれ、質問攻めに。

え？なんでそんなに？
どこをそんなに？
何をするの？
3週間もまわるんですって？
あなたが3週間の方？

そしてなぜか30分後には他の方にも伝わっていて…

食後は、この裏手に生育している珍しい「銀剣草《ぎんけんそう》」を見に行く。想像以上にたくさんの株があり、ひとつひとつが大きかった。

さて、用意されたお揃いのつなぎを着て（この先寒くなるので）さらに上を目指す。

いってらっさー
集合場所まで送り迎え。
いってきまー

サドル・ロードという悪路を通るのかと思ったら、新しく出来たという快適な道を行く。

あら？
じゃあ、
途中までは
個人でも
行けたの
かな？

進むほどに標高が上がり、何層もの雲を越えているのか、くるくると天気が変わってく。

あれ？
何この
天気…
雨が
降りそう
……

あー、
よかったー
あの雲は
山の下
だったの
ねー

2800m 地点から見た雲海。

天気が影響するツアーなので、そのたび一喜一憂してしまう。
（もちろん、静かに心の中で）

黄緑の山、
かわいいー

雲海が
出るのは
珍しいですか？
それとも
よくある？
頂上が
曇ってることも
あるんですか？
あ、
あと……

1人参加なので、助手席で、ガイドさんに質問しっぱなしでした、すみません。
（相棒に伝えなければと思うあまり…）

■銀剣草■

名前の通り、銀色に輝く剣のよう。

でも、意外にもまんまるでかわいらしく、産毛（？）に覆われてて柔らかそう〜♡

触れてみたい衝動にかられますが、罰せられますのでご注意を。
（体温でも枯れてしまうそう）

つなぎと上着、帽子や手袋も借りて、準備万端。

さあ、さらに上へ！

・食事は幕の内弁当。その後は、銀剣草を見て、売店を見て、トイレを済ませて、着替えて……で、あっという間の40分。
・休憩ポイントには売店もあり、そこで相棒に「飛び出す太陽」のポストカードを購入。

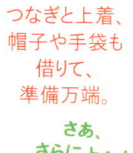

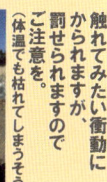

天文台、雲、頂上からの夕陽

休憩ポイントを後にして
最初の20分は、砂利道が続く。
（一般車がこの先に行きにくくするためとか）
そして、ここから先は
「寝ちゃダメ！」（酸欠になりやすい）、
「水の一気飲みもダメ！」（血がまわっちゃう）
との注意があり、車内でかかる音楽も、
アップテンポなものに変わった。

4100メートル地点で車を降りる。
ここには、世界各国の天文台がある。
ところどころに雪が積もっていて、
風も冷たく感じる。
「身体が重く感じるので
ゆっくり歩くように」と言われる。
（そういえば少し胸が苦しいような？）

さらに車で登って夕陽を見る地点へ。
まだ日没まで時間があり、
寒い中にも、太陽の暖かさを感じる。
眼下に広がる、クリーミーな雲海、
そこから顔を出すフアラライ山、
遠くに見えるマウイ島。

いよいよ、陽が沈んでいく。
雲海の中に。

日本のすばる天文台。通常のツアーでは、
残念ながら、中の見学は出来ない。

途中、平たくて荒涼とした、火星の表面かと思えるような一角があった。
ここで、アポロの月面着陸の「撮影」をしたというウワサが、
あるとかないとか……

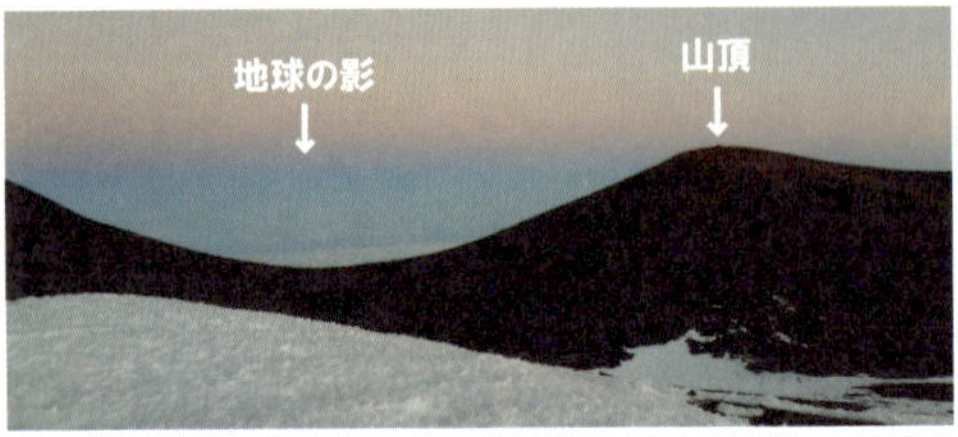

奥に見える水色の部分は、「地球の影」、アルペングロー現象と
いうらしいが、地球の影……うーん、意味がよくわかんない…

厳密に言うと、
振り返るとそこにある、
あっちが山頂。
（太陽が沈む方角の反対側）
登ってる人がいたが、
「山をリスペクトするなら
登らないで」という
主旨の看板があった。

夕陽を眺めるみんなも、
真っ赤に染まってる。

＊この写真はツアー会社さんから頂きました

太陽が落ちていく～。ずっと見ていたいけど、
「日没から30分以内に山を下りる」というルールがあるそうです。

雪のように見える、なめらかな雲海。
顔をのぞかせているのは、フアラライ山（2521m）。

・寒さなのか、気圧が関係してるのか、カメラのバッテリーの減りが早い。予備を2つも持ってきたのに、それでも最後の1個がなくなりそうで焦る……

・マウナケアは「白い山」という意味。フアラライは「恥ずかしがりや」、マウナロアは、「長い山」。

月と星空の観測

3900メートル地点まで降りて、星の観測。
とはいっても、まだ陽が落ちたばかりで、
西の空は、濃いオレンジ色に染まっている。
そこに、月が沈もうとしていた。

ガイド氏が、大きな望遠鏡で、
月のクレーターを見せてくれた。
ムリを承知でこの写真が欲しいと言うと、
「いい方法があるよ、スマホを貸して」と、
スマホを覗き口に当て、写真を撮ってくれた。

月が沈み、だんだんと見える星が増えてくる。
星空の説明をききながら、
みんな口をぽかんとあけて、同じ方向を見る。

ハワイ島では、「星がよく見えるように」、と
街の灯りが制限されている。
なので夜景をたのしむことは出来ない。
ほんとに真っ暗な地上だな……あれ？
2箇所、ぼんやり赤く光る場所があった。
そのひとつは、キラウエア火山。
そしてもうひとつは……なぜか刑務所だそうだ。

風が少なくて、雲もない、これ以上ない夜だった。
最後に、みんなで寝っ転がって星を見た。
真っ暗だし、上を向いてるから、
隣が誰かも、誰の声かも わからない中で、
ただ、星空の美しさだけでつながっていた。

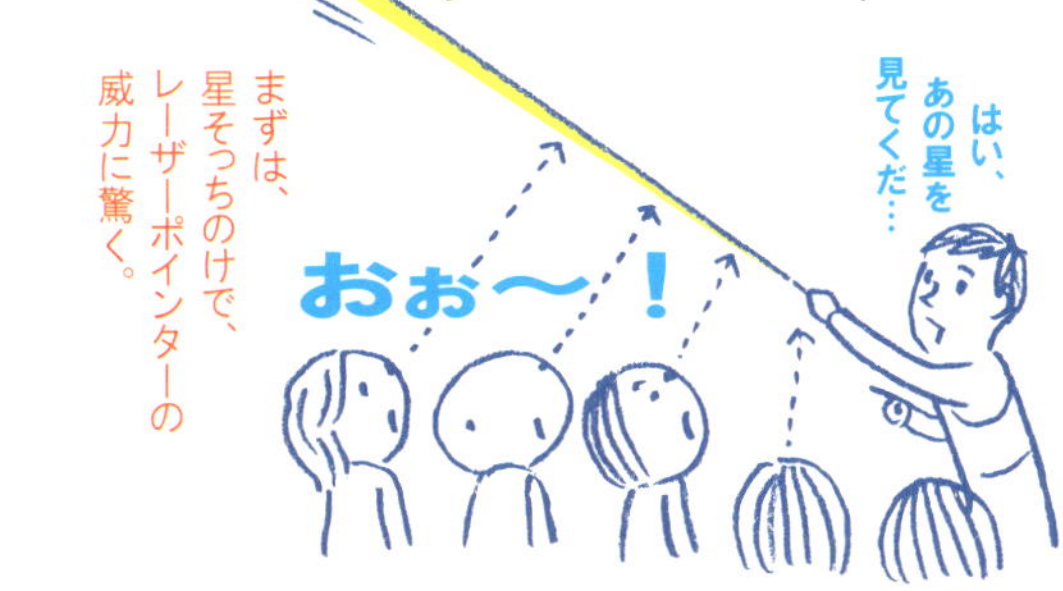
はい、あの星を見てくだ…
おぉ～！
まずは、星そっちのけで、レーザーポインターの威力に驚く。

「望遠鏡で見える月をカメラで撮る」という技にて。

月が沈んでいく。雲も風も月もない、星空観測日和だ。

＊自分のカメラではとても撮れないので、ガイド氏による星空の写真

あっ流れ星っ
寝っ転がりながら……
あれが天の川？

ガイド氏もそこまでは…

「夏は天の川がよく見えて、
冬は 1等星が多いです」
との説明に、あるおじさんが…

ボクが前に来た時、天の川がとてもキレイに見えたんですがね…
あれって、夏だったんですか？
私はいつ来たんですかね？

おじさんのまさかの質問に、
みんな大笑い。

・ガイド氏が望遠鏡をセットするのを車で待つあいだも、「寝たら危険」ということで、車内BGMは、さらに激しいものになった。

相棒に見せるため必死でかいてたメモ、撮った写真。

急いでメモしたものなので、情報として正確でないところもあるかもしれません

パーカー牧場……東京23区の1.5倍！
パーカーさんが亡くなり、
飼ってた動物がすべて野生化!!
ヤギ・羊3万～5万匹、
七面鳥、マングース、牛、
ネネ（←ハワイ州だけに生息する鳥）…
牛は、捕まえて食べてもいいんだって！
一応、道路に飛び出してこないように、
柵はあるらしい。

2013年9月に
新しい道が出来、
サドル・ロードを通らなくて
よくなったらしい。

雲に近づいてきた！
霧かな？

今日はコナが曇りだから
雲海が見えるかも、だって。

雲抜けた！
フツーこの地点は
雲が多いそうだ。
うれしい!!

今2000m地点。雲なし!!

マウナロア山。
30年ごとに噴火。
今、35年……

1日250～300人
までの入場制限。

1935年、マウナロアから
溶岩が流れる。

ワイコロアから先は
街灯がないんだそうだ。
（星の観測のため）

オニヅカ・ビジターセンター
…2800m地点。
ちょっと駆け足気味にすると
苦しい気もする？

雲が盛り上がってるとこ。

キラウエア火山は、

小さい山、パーホワホワ
と
もじゃもじゃというイミ

フアラライとは、
恥ずかしがり屋の意味。
でも今日は頭見えてるよ。

道路脇の植物＝ビロードモーズイカ
（日本にもある。絨毯に使われる？）

穴の開いた看板
＝風の抵抗を減らすため。

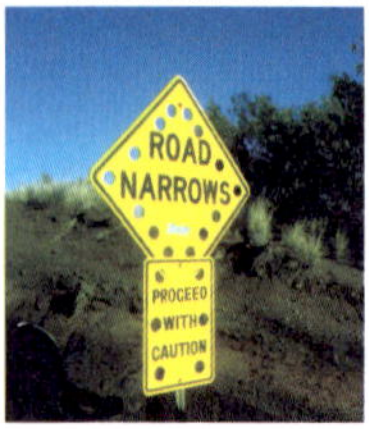

3000m地点からの眺め。

2800mの先、
半分がガタガタ道。

先週まで2週間くらい
ずっと雪だったって！

世界で唯一、同じ日に
スキーと海水浴が出来る場所。

3000m地点で雲があるのは
フツー？→フツーだそう。
じゃあ今日はラッキー♡

12/24に雪が
降った。
(例年より早い)
ピークは2月。

＊この写真はツアー会社さんから頂きました

スキーも出来るが、
リフトがないし、
高地なので
酸欠になり
疲れるらしい。

風よけのスペースがあった。
風が強い日は、寒さが
ハンパないらしい。

星観測…
雲で見えない確率
→10%くらいだって

星を見る場所は
3600mか、
3900m地点。

ガイド氏と
帰り道ずっとおしゃべり。
（ハワイや車のことを
教えてもらった）

高山病になる人多い？
→あまりいないけど、
なると、肺が苦しくなるそう。

夜景。赤いとこ2つと、
ヒロの灯り少し。
あとほとんど真っ暗。

星を撮る＝スロー
シャッターで20秒

日本人の奥さんが
グリーンカードを取るのに、
何回もワイキキに
行かなくちゃ
いけないそう。

駐車場停められず
路上で着替え。
（ハワイ大学主催の
星空観測会を
やっているとか）

道路についてきく。
右の道って路肩？
→そう。星を見るツアーが
車を停めてることも。
ここはパッシングする人も
いないので、焦らず
ゆっくり走ればいいよ。

オニヅカで、服を返却。
あれ？ここのほうが
星がよく見える？？

車の旅って…

「海外で車を運転する」のも
はじめてなのに、その車で
いきなり島をまわっちゃおうという、
私たちとしては、ちょっと冒険な、
そして、いつかしてみたかった
旅のカタチ。
だから、準備も、道中も、ウキウキ。
どんなカタチかというと……

■あこがれのスタイル■

列車やバスでの移動の旅では、その都度
荷物をきちんとパッキングして、自分で運ぶ。
車の旅には それがない！…のが魅力♡

ぐちゃぐちゃなままでも、
テキトーな袋に放り込んで、
ぽんぽんと積んで出発！
なんてラクチンなんでしょうっ
それに、
お土産などで
荷物が増えても、
重たいのを持ち歩く
必要がないし♡
長年の
夢だったよ…

↑
スーパーの袋の
ままでもOK～

移動途中に「車を離れない」ので
あれば、後部座席にも置いちゃう。
（車を離れる場合は、
盗難の恐れがあるので×）

ビールや水などの
重たいものも、
安い時にまとめて
買っておける。

生乾きの衣類も、
そのまま積んじゃう！

とにかく、
「テキトー＆
重さを気にせず」
に運べる！

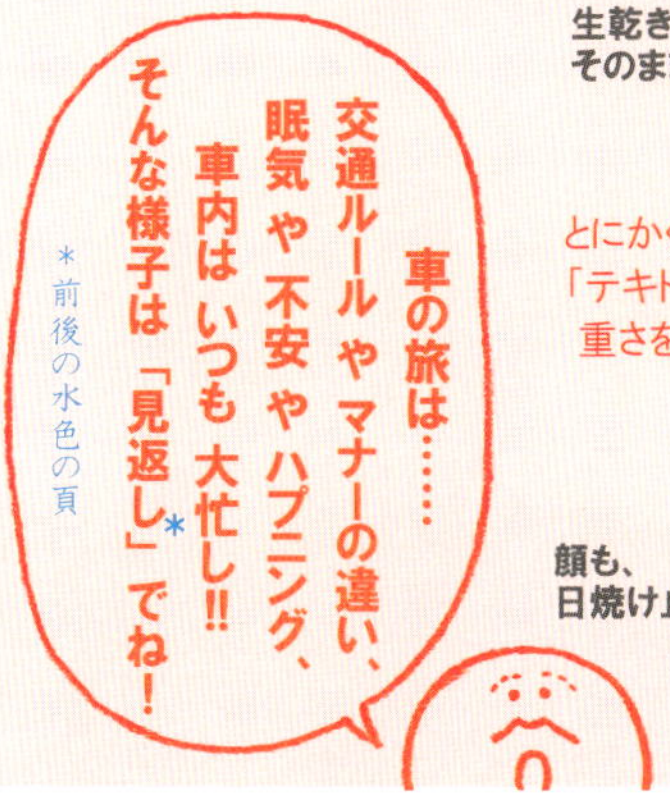

車の旅は……
交通ルールやマナーの違い、
眠気や不安やハプニング、
車内はいつも大忙し!!
そんな様子は「見返し*」でね！

*前後の水色の頁

顔も、
日焼け止めだけ！
（化粧ナシ）

■用意してたドライブグッズ■

ナビは借りず、
使い慣れた
スマホアプリの
地図を愛用。

そしてやっぱり
紙の地図も用意。
（自分で編集した）

現地の
フリーペーパー
の地図も便利。

手作り「標識一覧表」。

手の日よけ、窓の日よけ
グッズ。

眠気防止のガムと、
糖分補給のお菓子。

iPodとFM変換器。

トランクに積んだままにしていたもの。

便利道具一式バッグ。
（ティッシュ類、S字フック、
ガムテープ、傘、エコバッグ、
ゴミ袋、懐中電灯…）

いつでもピクニックセット。
（敷物、椅子、食器など）

・iPodとFM変換器。使えるか不安だったけど、
FMの周波数をいじって、なんとか出来た～

ちょいと走馬灯

■トイレのカギ■

スーパーやガソリンスタンドなどで
トイレを借りる時に渡されるカギには、
必ず「大きくてヘンなもの」が付いている。
孫の手、しゃもじ、コップ、人形……
なぜこんなものが？ と思ったが、
たしかに、これなら、うっかり返し忘れることはない。
「間違えて持って帰っちゃうにはハズカシイ」
……がポイントか？

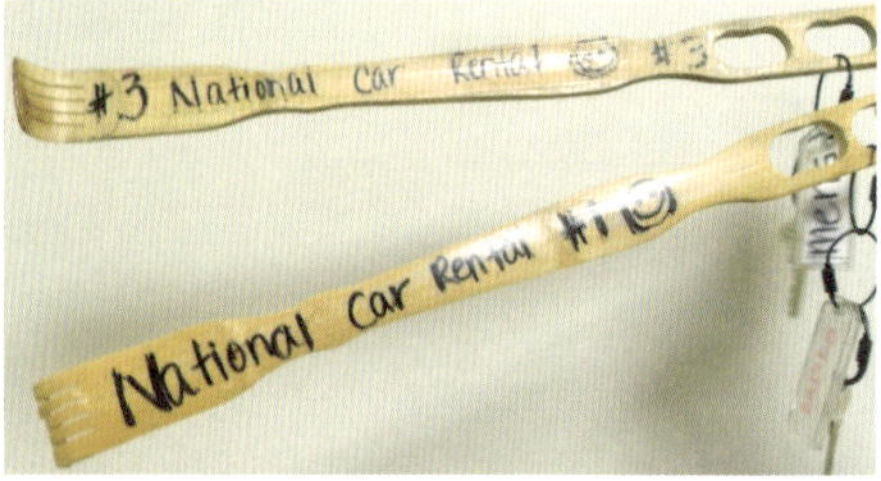

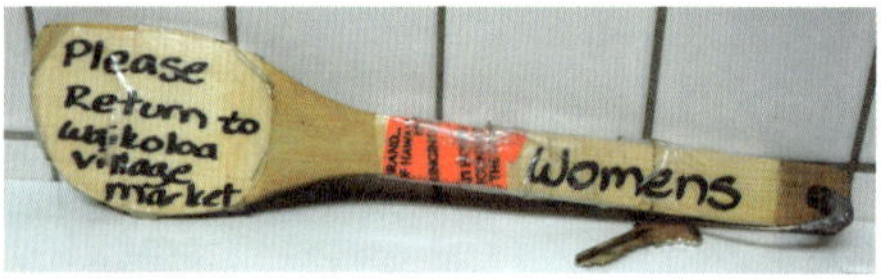

■派手ケーキ■

食欲減退、
ド派手なケーキ。
スーパーにあるケーキは、
ほぼこれが定番。

おいしそー……
って思える目を
一時的に貸して
ください……

↑プルメリア　↑レイ（首飾り）
ハワイモチーフは わかります……

← 海辺をイメージしてるのもわかります…

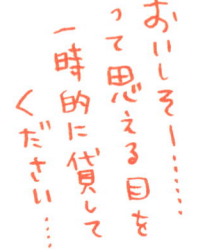

足にトゲが刺さった!!
バナナの皮の再利用法(?)を
調べた直後に
試す時がくるというタイミング。
さっそく患部にこすりつけてみよ〜

波打ち際家族

やたらのハイタッチが幸せの象徴？

ずーっと（1時間以上）ここに座っていた家族。
波をたのしんでいるのかな？仲良しでいいな。

白人さんの
観光客でも
レンタカーに慣れてない人多いのかな。
ロック解除のつもりが
トランクあけちゃったり
クラクションを警笛のように
鳴らしちゃったり。

溶岩の種類

溶岩は、冷えて固まった時のカタチで、
2種類に分けられる。

STOP

〈パホエホエ〉

ハワイ語で
「なめらか」という意味。
英語だと「スムーズ」。
いかにも、ほえほえ〜
ってかんじがする。

〈アア〉

ハワイ語で
「デコボコ」という意味。
英語だと「ラフ」。
ゴツゴツしてて、
歩いたら痛くて
「ア、ア」と声を
出しちゃうのが
語源らしい。
……たのしい。

これは、パホエホエ。

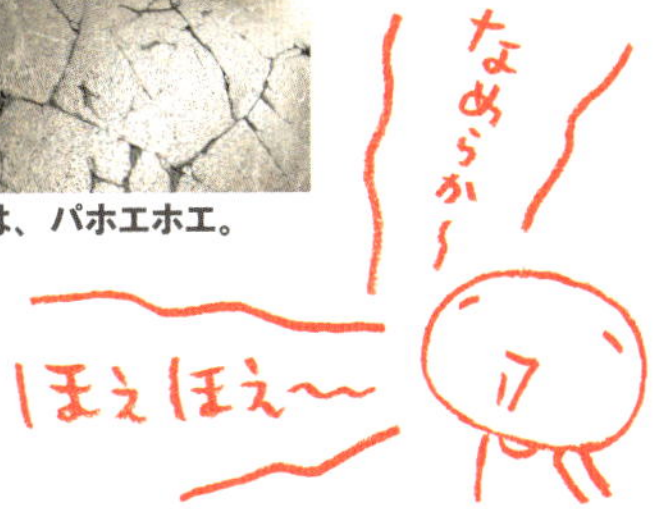
なめらか〜
ほえほえ〜

溶岩洞窟？

クア・ベイの海岸。
空洞になっている
溶岩があった。
どうしても
中が気になって、
砂を掘って、
ほふく前進で
入ってみた。

ズ
ズ
ズ
ズズ

あの雲おいしそ〜
なんて言ってる間に
消えた相棒。

中は、広いテントほどの
スペースがあり、小さな先客が、
砂遊びをしていました。

隠れ家ジャマして
ごめ〜ん…

旅の間
めったにない
別行動・
夜まで
部屋で
ひとりだよ

ひとりで晩ごはん。
なぜか豆が食べたくなって
ブラックビーンズにチリソース
かけて。 カットフルーツも
2人前 食べちゃえ〜

ポコポコ山

マウナケア山頂を目指す途中の風景。
ポコポコして小さく見える山も、
実際は相当大きい山なんだそうです。

山頂のお土産

すごく
すきそうな山
いっぱいあったよ〜

そーなん？
いーな
いーな

はい、お土産

へえー、
ヒコーキ並み
じゃーん

すごー!!

相棒へのお土産（?）は、
マウナケア山頂の気圧を感じるコレ。
せめて高さを感じてもらいたくて。

そろそろ星を
みてる頃かな
まわりの人とちゃんと
うちとけられてるかな
それより高山病に
なってないかな

よく出る症状
目が痛い、頭痛い、
キモチ悪ーい、

あ、そろそろ
迎えに行く時間だ

車のかぎ

第2章 カイルア・コナとコーヒー農園

最初の宿を後にして、
いよいよ、ここから「移動の旅」が始まる。
反時計まわりに一周するこの旅、
どんな道が、出会いが、待ってるんだろう。

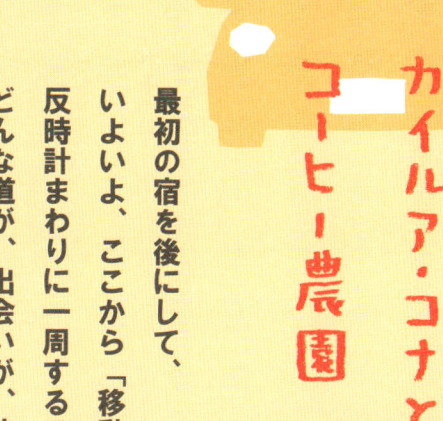

次の日 島一周の旅、始まる！

レンタカーで島一周の旅、スタート。
せっかくなので、海岸線より1本内側の、
190号線や180号線を使ってみることにする。
なので、まずはワイコロア・ロードを、
今までと逆の方向へ。

反対方面（海から離れる）というだけで風景が違うのに驚く。
見晴らしがよいのは同じだが、
あっちは「溶岩ゴロゴロ」だったのに対し、
こちらは、草原のような、さわやかな雰囲気。
まさに誰もがイメージする、ザ・ドライブコース。
きもちいい〜……とはいえ、
運転しながら景色を眺める余裕がまだないので、
たまらず、広い路肩に停める。
そして落ち着いてゆっくりと、360度を見渡す。
建築物がひとつもなく、どこまでも見渡せる。
ハワイ島の広さを少し実感出来た気がして、
これからの旅へ、期待が高まっていく。

そして、190号線に入った。
するとまた雰囲気が変わり、
少しずつ高い木が増えてきた。
道は狭くなり、木の電柱もあり……
どこか日本の田舎道に似ている。
こんなちょっと移動しただけで、
気候帯が変わってきているのだろうか……

こんなカタチ。

平野におもしろいカタチの山。これはたぶん火山で、
便座のようなカタチに中央がくぼんでた。

ワイコロア・ロード。

広〜い路肩！

つい、赤い車が来たところで、パチリ。（←まだ未練がある）

よし、これから赤い車に乗ってる気分で行こう！
たしかに、乗ってたら見えないもんね

190号線に入ると電柱が現れ、町がある気配…

…が、町、現れず、

そして溶岩……

森林のようだったのが、時々牧場みたいに抜けた景色、そして溶岩むき出し台地…
……相変わらず建物は ほとんどないまま。

・島一周のスタートにふさわしい、爽快なドライブ。窓全開で走った。

海が見える路肩でお弁当

まっすぐな一本道が
ゆるやかに下ったり上がったり……
そのうち、先のほうに
海が見えてきた。
わくわくしながら
さらに行くと
見晴らしポイントが
あったので、
（といっても、路肩が少し
広くなっただけのスペース）
そこに停めて、
お昼の休憩にする。

ヨーグルトの容器に入れた、
具ナシ チャーハン。

お弁当持って
きてよかったよ…
これまでの道中、
一軒も食べ物屋や
休憩所がなかった
もんね

眼下のずっと先に見える海岸沿いは、
リゾート地のはずだが、
肉眼では建物は確認出来ず、
ただ溶岩が広がっている
だけにしか見えない。
ここでも、また、あらためて
ハワイ島の大きさを実感する。

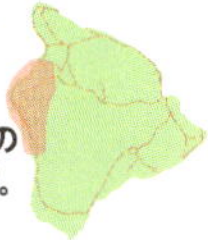

この辺りの
道です。

こんなふうに先が登り坂になってる道を
見ると、テンション上がる～

溶岩が海まで流れていった様子がよくわかる。
この島の西側は、天候がよいのでリゾートの中心になっているが、
こんな土壌の開発って、大変だったんだろうなあ。

山から
溶岩。
道路を
通した。
そして
海へ向かって
流れて行った。

■風景をたのしみたい！■

レンタカーの旅は、マイペースで進めて最高!! ……なんですが、常に道を把握しないといけないし、
事故を起こしちゃいけないと緊張しっぱなしだし……案外、風景をたのしめないもの なのでした……
「路肩に停めて風景を…」とカンタンに言いましたが、実際はそれさえもハードルが高く……

■停まれそうな路肩を見つけても、後続車が
近づいていると、スピードが落とせない……

あ、絶景……
あ、路肩あった…
でも今言ったら
慌てるよね…

■ナビをずっと見続けて、「view point」を
見つけたら、早めに予告。

300m 先に
見晴らし
ポイントが
あるから、
そこに
停めよう！
おっけー

景色よりナビを見ている現実。

■停められないところに、どうしても今、
運転手に見せたい絶景があった時は……

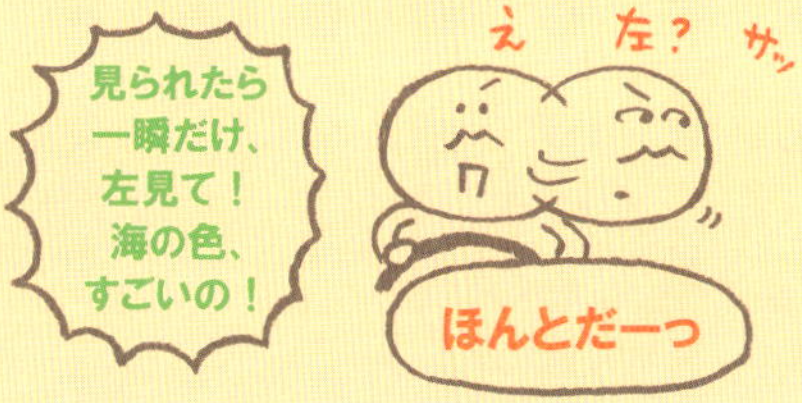
見られたら
一瞬だけ、
左見て！
海の色、
すごいの！
え
左？
サッ
ほんとだーっ

■早めの「路肩予告」にもかかわらず、
こんな理由で停め損なうことも……

……。
うおん
うおん
あっ、ごめ……
ウインカー
出せなかった…

↑お約束の、ワイパー誤作動。

・前頁のワイコロア・ロードは、今思えば、路肩も広く、見通しもよく、交通量も少なかったので、とても停めやすい道だった。

UCCコーヒー農園

次に進んだ180号線は、大きな11号線と並行する、高台の道だ。急に民家が増えてきた。きっと、眺めがよいから人気の住宅地なんだろう。そしてその各家々の庭木によって、道沿いは、うっそうとしている。

そしてこの道は、コーヒー農園が多いことでも有名だ。この高地に吹く風、降る雨が、コーヒー栽培に適しているそうだ。今回の旅のたのしみのひとつが、このコーヒー農園巡り。見つけた順に、入ってみよう。

まずは、日本の企業、UCCの農園におじゃま。

コーヒーの畑を案内してくれ、そこで、コーヒーの豆を手にしながら丁寧な説明を伺う。

説明の後、ここにはコーヒーだけでなく、いろんなフルーツの木があることや、マカダミアナッツの森があることも教えてもらう。

「よかったら、お散歩していってくださいね。ナッツは、拾ってきたら、お店で割って食べられますよ」

昼は海から暖かい風が吹き、午後には曇って雨が降り、夜には山から冷たい風が吹くのだそうです。

民家の並ぶ 180 号線。右下には海が見える。

コーヒーの実（コーヒーチェリー）は甘酸っぱかった。

コーヒーにするのは、この実の「種」の部分。

コーヒー農園巡り

コーヒーの原産国はいくつもあるが、
「治安がよく、日本から近いところ」という意味で、
ここは貴重な場所なんだそう。
以前からコナ・コーヒーがすきで、
オアフ島に行った時に必ず買っていたが、
いつか、現地ハワイ島のコナの農園を見てみたい、
そこで飲んでみたい、と思っていた。
（コナ・コーヒーは偽物も多いというウワサもあり、
ぜひ現地で確実な本物を飲んでみたかったということも…）

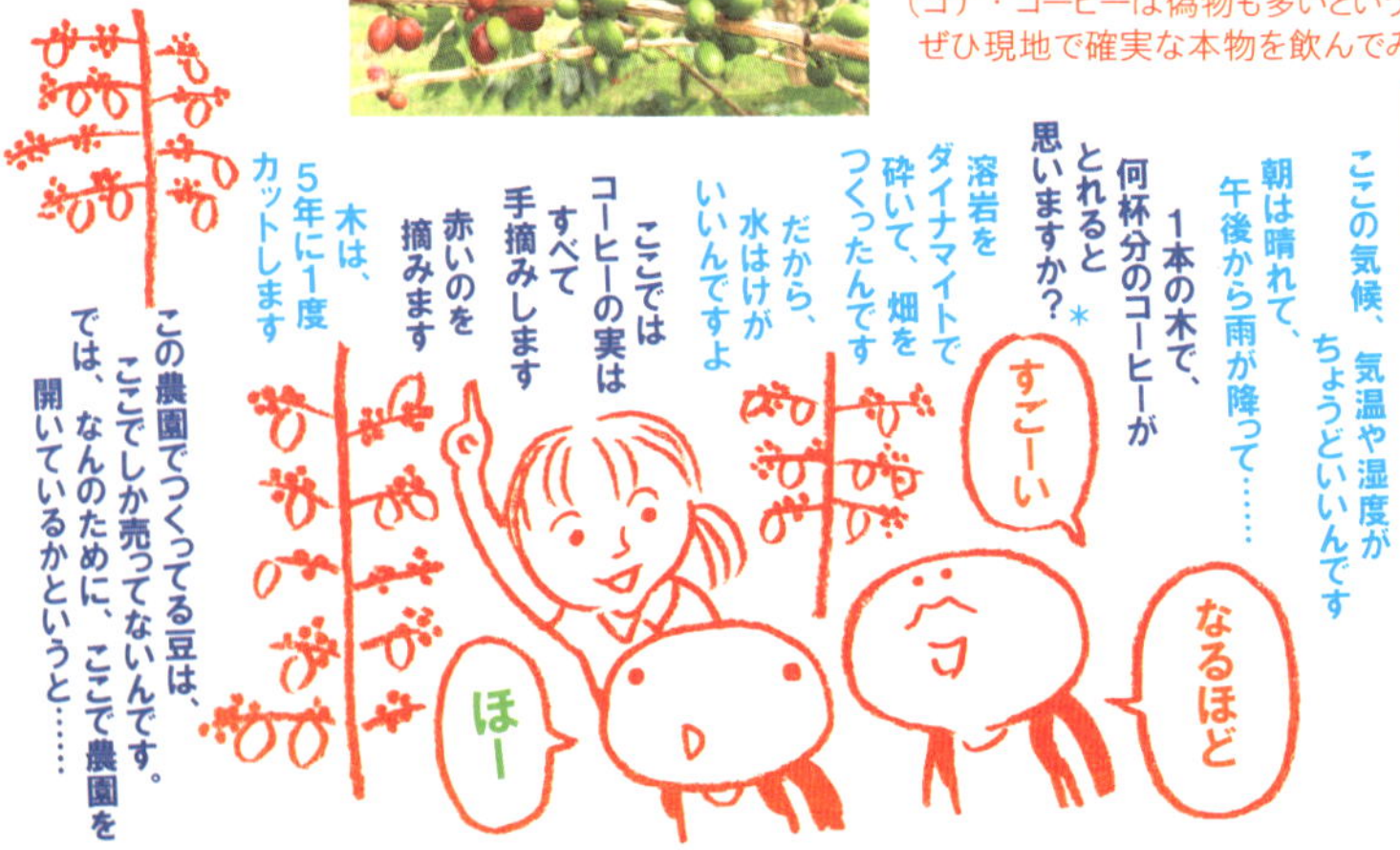

ダーク・ローストと、アイスコーヒー用の豆を購入。

＊1本の木から、年に、何杯分のコーヒーがとれるか？？　→ 50 杯ぐらいだそうです。

・コナ・コーヒーのアイスクリームをいただいた。手作りだからかコーヒーの風味がとても濃く、ひとくちひとくち、ゆっくり味わった。

マカダミアナッツと七面鳥

「え、拾ってすぐ食べられるって……生で？」

たしかに、ハワイのお土産で、
マカダミアナッツは有名だけど、
どんな木になっているのか、
どんなふうに加工するのか、
考えたこともなかった……
それが、自分で採って、
それも、その場で食べられる…？
きいたら、急に興味が湧いてきた。

教えられたほうに行ってみると、
七面鳥の群れが散歩していた。
つい彼らについていってみると……
そこが、ナッツの森だった。

へえ、この背の高い木が、
マカダミアナッツの木なんだ。
さて、木になっている実《み》を
もいでいいのだろうか。
……しかし、足元を見ると、
丸い実がたくさん落ちている。
黄緑色の実が割れて、
茶色い種のようなものが見えている。
この中にナッツが入っているんだな。
待ち切れなくて、
ここでひとつ割ってみることにする。

ナッツの森と七面鳥。

私たちに「ビビッていることを悟られないように平静を装ってはいるが、明らかに足早」……な、七面鳥ズ。

マカダミアナッツ

種の殻を割ったところ。殻の厚さは4~5ミリ。木よりも硬い。

実が緑色のまま、こんなふうに落ちている。

→花と←実

普通はこのような「ナッツ割り器」を使い、テコの力で割ります。

最強に硬い殻！そしてナッツの味は…

割って食べようと思ったものの、これが ものすごく硬い！　実を石の上に置き、
そこに石を何回も振りかざして、やっとヒビが入る。しかし、ヒビだけでは、
その後、栗のように手でむける硬さじゃないので、もう1回振りかざす、
そうすると中身が四方に飛び散ってしまい……チカラの加減がムズカシイ……

生なのに、全然エグくない。
煎ったものより水分があってしっとり、ほの甘い。
塩味不要！　予想外のおいしさ!!

……割れました。

ほとんど縄文人……または、
アウトドアで張り切ってるおとうさん。

・後で調べたら、マカダミアナッツは、世界一、殻が硬いナッツなんだって。クルミ割り器や銀杏割り器はもちろん、ペンチでも開けられないらしい。

ドトールとハーレー君

そして次に、近くのドトールへ。
ここは、コーヒー農園というより、
熱帯植物園のように、きれいに手入れされている。
係の人がいなかったので、自分たちのペースで
植物を見ながら、坂を下りていく。
すると、後から来た日本人に、
「一緒にまわろう」と声をかけられる。
観光客４人と、ガイドのハーレー君（仮名）。
ハーレー君は、自分の客でもない私たち
にも、植物の説明をしてまわってくれた。

プルメリア。

プルメリア、はげてるね、今、季節じゃないの？
いや、プルメリアは、日本人観光客がみんな取ってっちゃうからすぐなくなっちゃうんだよ
ええ〜、ひどい
ナニソレ

長さは 30cm くらいありそう。

それ、トランペットの花。その花も、日本人の女の子が、取っては耳にさしてるよ。でもほんとは、毒があるんだよね。やばいよね（笑）

ええ〜？
そーなの？あぶないねー

珍しい植物が いっぱい

一見よく見るヤシの木だけど、葉っぱの裂けめが とっても細い。

恐竜の指先みたい。長い爪のように見える〜

真っ赤なドレッド・ヘア？

くるんくるん丸まった花。

・ハーレー君に「写真撮ってあげようか？」と言われ、「あ、大丈夫です」（断りの意味）と言ったら、笑われた。「日本人、よくそう言うよね」って。たしかにヘンな言い方だよね。でも、「いいです」とか「結構です」って、強く拒否してるみたいだから、「あ、いえ、大丈夫ですぅ〜」が、便利なんだよね……

さらに進んで、パンノキの前で立ち止まる。
ハーレー君に、「どこに泊まってるの？」ときかれ、
これからマナゴ・ホテルに行く、と言うと、
ほう、という顔をして、他のみんなに伝えた。
「この人たちが泊まるの、すごいところなんだよ」
「じゃあ、これあげる。マナゴの人に渡したら喜ぶよ」
と、唐突に、近くに落ちていたパンノキの実をくれた。

あ……♡　その先に、マカダミアナッツの木があった。
「これは、まわりの実の部分さえ取れば 日本に持って帰れるよ」
ハーレー君のその一言に、私たちは目を輝かせた。
生マカダミアの味に魅せられていた私たちは、
じつはさっき拾ったのを、まだいくつか持っていた。
ナッツ割り器がないからどうしようと思っていたけど、
日本に持って帰れるなら、家でゆっくり、
カナヅチや万力を使って 生マカダミアを食べられる！
ただ……ハーレー君の話って、ほんとに全部信じて
いいのかな……さっきの花の話だって、よく考えてみたら
プルメリアの花を取っちゃうって言ったけど、
あんなに上のほうまで取れるわけないじゃん？
トランペットって、あんな大きな花、
勝手に取って耳に差す日本人なんている？
最初はハーレー君のペースに押されて、
いちいち納得していた私たちだけど、
だんだん、話がテキトーっぽいことに気づいてきた。
も、もしかしてナッツの話も、ほんとなのか、あやしい……？？？

パンノキの実

?
はいっ♡
ど、どうも

とったどー

→縄文時代のおとうさん

柄《え》を持つと妙に持ちやすい。そして、なんとなく古代人の気分になれる。

マカダミアナッツ

まわりの実の部分は付けたままだと空港でつかまっちゃうから注意ね
もう、ハワイ島ではナッツ栽培はやめてしまったんだ
今 お店で売られてるのは、全部ブラジル産なんだよ
今あるナッツ畑は放棄されてるんだ。だから、落ちてたらいくらでも拾っていいんだよ！
えっ
じゃあ…
拾って……いいんだ♡

ここでもコーヒー豆をお買い上げ～（試飲がおいしかった）

ここは、どなた様かが結婚式を挙げた場所としても有名です。

ガーデン内のカフェから。（海ではありません～）

・マナゴ・ホテルのスタッフは日本人ではなく、「フレンドリーな民宿」とも違ったので、とてもパンノキの実をいきなり差し上げて喜んでもらえるようには思えず、渡せなかった。その夜、パンノキの実について調べると、直火で何十分も焼くらしい。この部屋にはキッチンがないので、とりあえず、次の宿まで持って行くことにする。

・その後、殻付きのままで売っているナッツを見つけた。日本に持って帰っていいという話だけは、本当らしい……

これが マナゴ・ホテル

午後5時過ぎ、その、「ウワサの」マナゴ・ホテルに到着。
およそ百年前に日本人が創業したホテルだそうで、
建物は、建て増しをし続けた旅館を思わせる造り。
和室もあり、ところどころに日本の面影を感じる。
ただ、従業員は東洋系の人が多いのに、
残念ながら、日本語は一切通じない。
そういう方々がこの日本風旅館で働いていて、
しかもここはハワイ……という、
あれ？ 私、今どこにいるんだっけ？ と
不思議な気分になる空間だ。
とくにそれを一番感じるのは、食堂かもしれない。
雰囲気が、日本の旅館や民宿のそれにそっくりなのだ。
お客も従業員も欧米や中国系の方で、日本人はいないし、
夕食付のホテルというワケではなく、外からのお客も多い。
なのになぜだろう、食事をしている人がみな、ひとっ風呂
浴びて浴衣を着て食事しているような空気があるのだ。

食事を終え 外に出てみると、辺りは真っ暗。
この食堂の終わりとともに、この町も眠るようだ。
（って、まだ7時半ですけど…）
寝静まった町に、なぜか、鳥が鳴き始めた……
ポピッ……ポピッ……ポピッ……
部屋に戻って夜中になっても、
ずっと同じリズムで鳴いてる。
鳥は、朝鳴いてほしい……
その鳴き声が、気になって眠れない夜でした。

道路から見た本館。

2棟をつなぐ「渡り廊下」に、日本の旅館を感じる。中庭の池も、和風です。

→「本館」フロントや食堂、バス・トイレ共同の部屋がある。

←「新館」全室オーシャン・ビュー。

マナゴ・レストラン

テーブルや椅子は、旅館というより、昭和の大衆食堂ってかんじ？

ぶっ差したしゃもじは、ちょっと違和感。

ご飯が「おひつ（…的大きいお茶碗）」に入ってくるのも、旅館風。和風な付合わせも3品付いてくる。

こんなに和風なのに、日本語がまったく通じない不思議。

にわにはにわ以上のにわとりの親子がいた。

ラナイ（ベランダ）からの眺め。ホテルの庭の向こうに海が見える。（なぜかいつも、水平線がぼやけてる）

・1泊 $64（2人で。税を入れると約 $73）。この旅の最安値でした。ありがたい。部屋は、いたってシンプル。冷蔵庫もテレビもありません。和室の部屋にも惹かれましたが、$16ほど高かったので、やめました。

ったマカダミアナッツを食べたい……でも割る道具がない。ホテルならあるんじゃないか？と、夜、フロントや食堂に
ってみたが、だーれもいない。……ここ、ほんとにホテル？

朝、出発前に、車のサイド・ミラーを直す。
持ってきていたテープを、ぐるぐる巻いて。

じ、じつは昨日……
走行中、右のミラーに何かが当たり、
鏡の部分にヒビが入ってしまったのでした……
180号線の、くねくねした狭い道を走っていた時、
いきなり対向車がふくらんできて、
とっさによけたら、バコンッと音がして……
なんの音!?……とその時はわからなかったが、
少し走ってから、「あ、割れてる……」

壊してしまったショックと、
その場で警察かレンタカー屋に
連絡しなくちゃいけなかったんだろうか
というモヤモヤ……で、
昨日の夜は、暗～いキモチで過ごし……

一夜明けても、まだ、
落ち込んだままだったが、
「でもさ、あの対向車にぶつかってたら、
こんなもんじゃ済まなかったよね！」
と、ちょっとは〈よかった探し〉を
出来るくらいには回復したので、
しゅっぱぁ～つ……

■夜のモンモン…■

一番上のランクの保険に入ってるから、自損もカバーするみたいよ…
……
契約書
…でもその場で警察に来てもらってないから、適用されないかもしれないよね…
うーん……
パソコン

■朝もモンモン…■

あー、あの時あんなによけなければ…
いやいや！だってもし対向車にぶつかってたら…!!
でもな～…は―、やっちゃったな…
でももしよけすぎてたら谷に落ちちゃったかもしれないんだよ！
……だよね！
……は！…
でもな～……

■現場状況…■

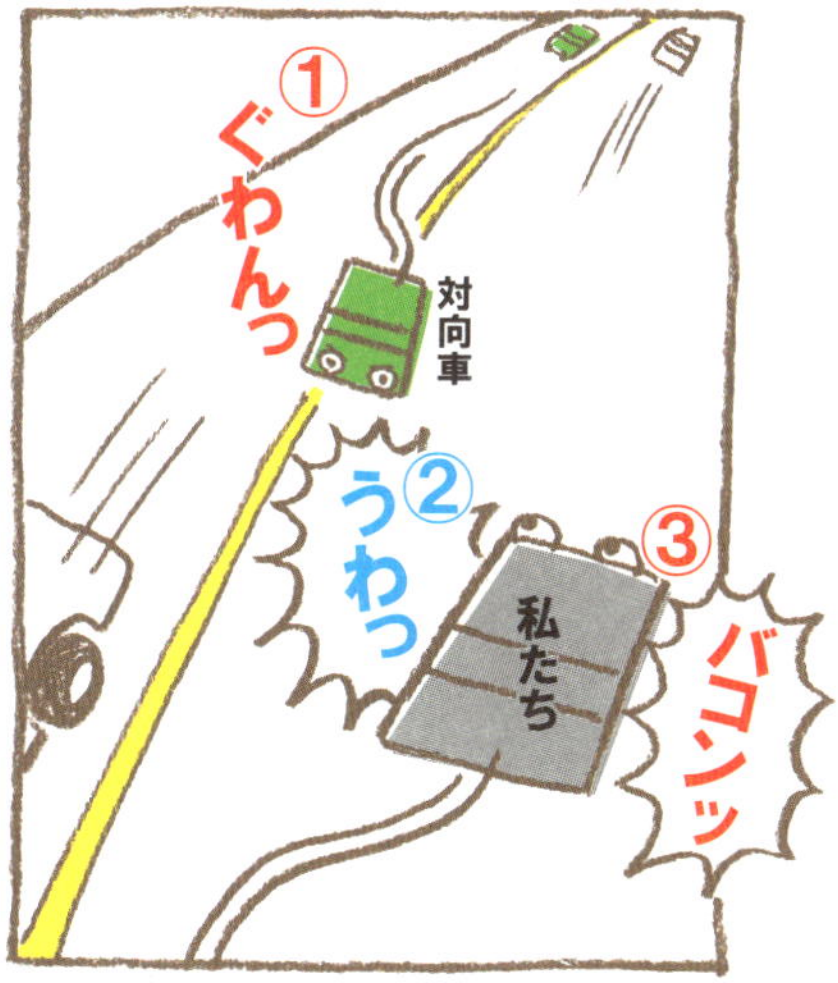
①
ぐわんっ
対向車
②
うわっ
③
私たち
バコンッ

さあ、キモチを切り替えて
出かけよう～～

とりあえず、
見るには問題なし。

これがあるよ

透明の養生テープ。
このために持ってきたのか
というくらいの救世主ぶり。

・朝、部屋のカギが閉まらなくて、ガチャガチャやっていたら、同じ階の泊まり客がすっとんで来て、助けてくれた。観光客も含めて、優しい人が多い気がする。

・ホテルの隣の、有名なポテトチップ屋に行った。作りたてのアツアツが食べられるのかと思ったら、そういうのはないらしい。

コナ・ジョーのカフェで

今日は、ホテル周辺のコーヒー農園巡り。
1軒めは、コナ・ジョー。
農園を目指したが見つからず、
まずは、ショップを見学することに。
たくさんの種類のコーヒー豆が並んでいて、
その中に「トレリス」という文字があった。
お店のスタッフに尋ねてみたが、
早口で全然わからず……（情けない）
描いてもらった図から想像すると、
太陽光がよく当たるようにして育てる
農法らしい。（いい加減な説明ですみません…）
説明してもらったので買おうかな、と
価格を見ると、1袋75ドル……
躊躇《ちゅうちょ》していると、そういう客が多いのか、
ものすごく慣れた口調で、
いかにそれが正当な価格かを力説。
……うん、たしかにそうだけどね……
ここまで説明してもらった後で
安いほうの（その農法じゃない）豆を
買うというのもなんだし、
「ま、また後で来ま～す」と言って、
とりあえず一旦、店の外へ逃げた。
すると、カフェがあったので、
じゃあまず、ここで
そのコーヒーを飲んでみよう！と思いつく。

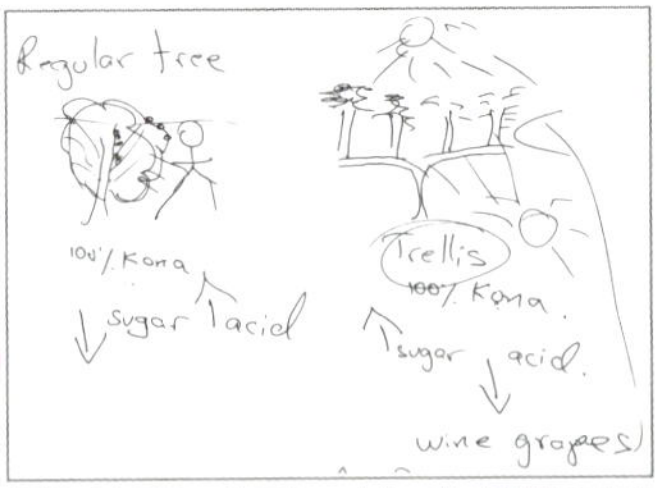

Regular tree
100% Kona
sugar
acid
Trellis
100% Kona
sugar
acid
wine grapes!

同じ100%コナでも、たいてい自然のままの栽培なので、日陰部分が多い。トレリス農法は、ワイヤーに枝をはわせ（ワイン用のブドウ棚と同じように？）陽がよく当たるようにしている。こうするとacid（酸？）は減り、sugar（糖分）は増す。…………たぶん！

KONA Joe Coffee

眺めは、
訪ねたコーヒー農園の中で、
一番すばらしかった。

■力説の内容■

高いと思う？
でも考えてみて。この一袋で45杯分あるのよ。もしスタバへ行ったら1杯いくらかしら？3ドル？ 4ドル？×45杯だと、いくらになっちゃうかしら？
わ、わかりますけど、そもそもスタバなんて高くて毎日行かないですし……

この後で「買わない」と言うのは
勇気が要りまして……

■バリスタ？？■

そんなに言うなら、その豆で プロが淹《い》れたコーヒーを飲んでみよう！
うきうきしながら、一番オススメで 一番高い（＄5）のを注文。

このコーヒーは、このサーバーを使うんだよ。お湯を入れてから2分待つんだ
プレス式か、コクが出そうだね
たのしみ～♡
すると、なぜかその男は、お湯を注いだ5秒後、そのサーバーを押し始めた。
ブシュー
え？
まだでしょう
まだまだ!!
自分で言っといて何なのこの人？？止めようとした時には、もうコップに入れ始めていた……
あーっ!!

味は……もちろんのこと、風味がまったく出てなくて、ザ・お湯の味。
豆の製法にこだわっていたって、最後にこれじゃあ、……あぁ。

そもそも自慢のコーヒーを
紙コップで提供する、
というのが残念な話。
すっかり「紙コップ味」だし。

・写真にコップが2つあるのは、1杯入れて、サーバーに余った分をサービスしてくれたから。（……でもその味はさらに「お湯」）
・どこかの国（地域？）では、逆に、「日陰でじっくり育てる農法」をとり、酸味が少ない豆をつくっている…と、きいたことがあるような。……地域によっていろいろだ。

グリーンウェル農園での出会い

その後、同じ道沿いの、グリーンウェル農園へ。
ここも、農園見学が出来るのかわからないまま、
とりあえず、ショップに並んでいるポットの
試飲用コーヒーを飲み比べていた。
すると、年配の白人男性が、日本語で話しかけてきた。
「日本人ですか？……私…ガイドしてあげたいんですが、
今日は……キモチワルクテ………
もう帰ります……ごめんなさい……」
会った直後に謝られてとまどう。彼の名はダニエルさん。
この農園には日本語でガイドしてくれる方がいたのかぁ…
でも具合が悪いとは、残念〜……
ショップの前の木にとまっていたカメレオンの写真を撮っていると、
後ろから、ウイーンという音がした。
振り返ると、ダニエルさんが作業用のカートに乗って現れ、
「アーボカード、すーきでーすかー……」
優しい声で、そう言った。
「す、すきです……」
私たちに大きなアボカドを手渡すと、
済まなそうな微笑みを残して、
そのカートのまま去っていった。
ほんのちょっとの出会いだったけど、
彼の静かで律儀な日本語が、
今も耳に残ってる。
ダニエルさんが元気な時にぜひ、また来たいな。

もし英語の
ツアーでも
よければ、
もうすぐ出発
しますからね

■コーヒー豆■

①赤い実から取り出した種。これが、コーヒー豆。（だからほんとはコーヒーは、豆というより、種！）

②洗って乾燥させたもの。

③薄皮をむいたもの。

（薄皮）

あまり商売気がなく、のんびりした農園に感じました。

■農園ツアー■

英語のツアーに参加してみたが、
あまりに聞き取れず、
ジョークにも気づけず……
でも、とても丁寧な説明で、
いい農園だってことはわかった。

豆を乾燥させる場所。雨が降ると奥の屋根が手前に動いてくる仕組み。

ここのマスコット？のカメレオン。
こんなに間近でじっと見たの、はじめて。
お店には、ダニエルさん作の
カメレオンの絵本があった。

・コーヒー豆は、たいてい1つの実に2つ入っている（パカッと2つに分かれる）。1つしか入っていないもの（ころんとしてて2つに分かれない）を「ピーベリー」という。それは100粒のうち、ほんの3粒ほどだとか。稀少価値プラス、味がよいとかで、普通の豆よりも高い価格で売られています。

・ですが、そのくらいの微妙な味は、その後の「煎り方（焙煎）」「挽き方」「淹れ方」…で全然変わっちゃいますよね……

ロイヤル・コナで怖〜い話

次は、ロイヤル・コナ。
コーヒーのパッケージを見て、
第一声は、「あー、知ってる！」
ワイキキのスーパーで一番見かけるかも。
ホテルの部屋にも、よく置いてあるよね。↓
農園ツアーなどは ないみたいだったが、
大きな土産屋があり、眺めのいいテラスで、
自由にコーヒーの試飲が出来る。
隣には昔の収穫器具などを並べた博物館もあった。
下に降りていくと、豆の加工工場があったが、
誰もいなくて、見学していいのか微妙なかんじ。
さらに進むと、なぜか溶岩洞窟があったり……
土産屋でコーヒーの試飲をしていると、
お客を連れてきていたガイドさんに話しかけられ、
またまた、どこに泊まっているかをきかれた。
「マナゴ」とこたえると、顔つきが変わり、
今度は質問攻め。
そして、その後、
怖くなるような情報を次々に教えてくれた……

なぜハワイ島にそんなに長く？
なにかお仕事でも？
今までどこをまわったの？
マナゴの前はどこのホテルに？その後は？

円盤型タイプは、ホテル客室のコーヒーメーカーでよく見る。

道路に面しているので「道の駅」がわりに重宝されていそう。（だから土産屋が充実してた？）

大きな工場があったが、その日は誰もいなかった。

平らに広げられていたコーヒーの実。

Royal Kona Coffee

かつてのコーヒーづくりの道具や、農園の人々の生活用具などが展示されている。

溶岩洞窟（ラバチューブ）。ハワイ島には、こんなふうに さりげなく、あちこちにあるものなんだろうか。

今日の晴れは年に1回レベルのキセキよ
キラウエア付近とヒロの町は、今、噴煙と有毒ガスで大変なことになってるし
えっ
え？この後そっち方面に行くの？まあ……（お気の毒）
ヒロにも3泊？絶対多すぎ！ぜんっぜん見るとこないわよ。1泊で充分！
火山付近に3泊？あぶないわよー とくにパホアの町なんて絶対近寄っちゃダメよ
えっ
ヒロに安宿？ないわねー
あ、ここで売ってるマカダミアナッツの「コナ・コーヒー味」、この店限定よ。ここで買わないと後悔するかも
え？
え……
えぇっ
えええ〜

・〈後日談〉噴煙と有毒ガスから避難……なんてところはなかった。ヒロは、1泊ではとても足りなかった。そして、マカダミアナッツのコナ・コーヒー味は、ワイキキのABCストアで、フツーに売ってた…… 以上、世にも怖いお話でした。

・ところで「マナゴ」って、どーいう位置付けなの？？？

アンティークショップと日系人

ホテルに戻る前に、気になっていた道沿いのアンティークショップへ。

最初に、ナッツ割り器があるかきいてみたが、ないとのこと。

それ以前に「何それ？」ってかんじだった。

こっちの人は、この島名産のナッツを、拾って食べたりしないのかな？

（銀杏を拾って食べるみたいに）

ショーケースに並んでいたものは、ほとんどが、日系人が使っていたのでは……と思われるようなものだった。

食器や瓶、アクセサリー以外に、「置き物」や「壁飾り」が多かった。

昔おばあちゃんちの戸棚におさまっていたような、お人形、陶器の猫、木彫り、貝細工……

日本から持ってきたものなのだろうか。

昔 日系人が働いていたというコーヒー農園でも、日系人が創業したというホテルでも、
もう、日系の人を見かけることはなかったのに、
ここに、こんなにも、彼らがいた証しがあった。

人がいなくなっても、モノはこうして残るんだね。

こけしだ……
これ知ってる…

アンティークショップは、ハワイ島に何軒もあった。

DISCOVERY ANTIQUES
ICE CREAM
GENERAL

CLOTHING
ANTIQUES

店先のこのテーブルで、中で買ったアイスを食べて……

HAWAII
JDP 168
ALOHA STATE

古いナンバープレートを購入。

ホテル探し

そろそろ次の滞在先を決めなくては…。「車で走っている時によさそうな宿を見つけて飛び込みで」…が出来たらいいなと思っていたけど、どうもムリそうだ。（道中そういう看板も見かけない）
フツーに、ネットで探して予約しながら行くことにした。
でも、いっぺんに全部決めてしまうのではなく、
ギリギリ2日前くらいに、
「次の町」と「宿」と「宿泊数」を決めるスタイルで。

火山村のホテル、どこも高いなー
150ドルくらいする宿でも、「リビングやバストイレが共同」ってスタイルが多いんだよね…

火山村は1泊だけにして、あと2泊は別の町にするとか？

あ…いっそのこと 3泊とも他の町にしたりして？

あぁ そっか！ 車なんだし、そんなに火山の近くに泊まる必要もないもんね！

・最近流行ってる「人の家を借りる」というスタイルの宿もあった。（とくに、溶岩流が向かっている、パホアの町に多かった。やはり、他の地域へ避難し、自分の家を貸す……という住人が多いのかも？）
・今日の夕食は、マナゴのレストランで（他に選択肢ナシ。7時半に閉まるので焦って帰る）。人気のポークチョップをいただく。

次の日 週末だ!! ファーマーズマーケット

ハワイ島に着いたのが日曜の夜だったので、1週間後の今日、やっと念願の朝市へ。
＊朝市はたいてい、土日の午前中開催

訪れたケアウホウのそれは、ファーマーズといっても、野菜もりもりの朝市……ではなく、自家製蜂蜜、自慢のケーキ、身体によい草（?）のお茶、変わったフルーツ……など、1軒1品のこだわりの加工品を売っていて、そこはかと漂うセレブ感……

場所は、ショッピングセンターの駐車場。思ったより小規模。

Organic Pastries
Ask about our
Gluten Free
Sugar Free
Vegan
KONA COFFEE
PRODUCE

買ったもの

家族で作っているのかな？手作りケーキ、いろいろ。

Macadamia Nut Hummus

フムス＊？ ん？ これって、タヒーナ＊ に似てる？
なぜここに？ それも材料に マカダミアナッツを
使ってるって。食べてみたい！

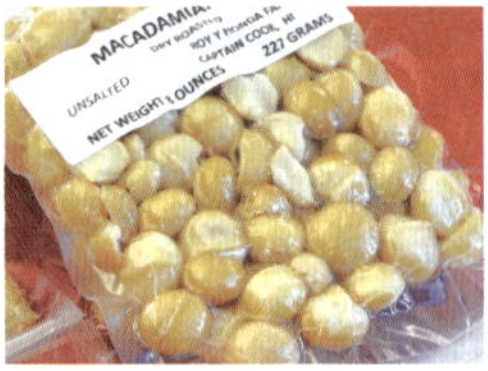
MACADAMIA
UNSALTED
NET WEIGHT 8 OUNCES 227 GRAMS
CAPTAIN COOK, HI

「ノン・ロースト」（煎ってない）
マカダミアナッツが売ってた！
持ってるナッツが割れないから、
これ買って食べよ！

おいしそうなトマト！
と思ったら、
お店の方が自慢そうに
「モモタロー」と言った。

不思議なフルーツ

試食用に割って置かれているフルーツがあったので味見。
……えっ！なにこれ、すごくおいしい！　煮たカボチャの
ような、いや違うな、あれだ、和菓子の黄身しぐれ！
……すると、お店の人が、ダメダメ、と言う。その理由が
どうしてもききとれなくてオロオロしていると、そのフルーツを
ひっこめてしまった。これって「味見用」じゃなかったの？
す、すみません〜。でもあれ、なんだったんだろう？
またどこかで出会えるんだろうか……

これ

No, No,
このまま食べたら胃を壊すって言ってる気もするし……
フルーツなのかきくとそうみたいで…
でも食べたらよくないみたいなかんじだし……

＊タヒーナ＝白ごまペーストやヨーグルトなどを混ぜたもの。フムスというのは、ひよこ豆などをベースにするようなので、違うものみたいだが、味はよく似ている。スーパーに市販品が多数売られていたフムス。豆の部分を変えていろいろな種類があり、「レンズ豆」「黒豆」「白豆」そして「EDAMAME」というのもあった。（でも、マカダミアナッツのは、ここでしか見なかった）

カイルア・コナ、そしてアリイ・ドライブ

その後、１週間目にしてはじめて、
観光の中心地、カイルア・コナ方面へ。
有名な海岸沿いの道、
アリイ・ドライブを走る。
今までの道とは違う、車の多さ！
（景色を見る余裕が出来るから渋滞もウレシイ）
そして道沿いには、なんと、
建物があるよ、歩行者がいるよ、
植物が植えてあるよ〜！

そして、もちろん、海がある。
青い空、風、陽の光、
これぞ、ザ・ビーチ・リゾート。
はじめて今、南国の島に来たことを実感。

車を停めて、カイルア・コナ手前にある
ビーチで、ランチタイム。

音楽がきこえてくるほうを見ると、
地元の子どもたちがフラの練習をしていた。
なんてすてきな練習場なんだろう！

ワイキキのように
ハワイアンやフラダンスを
あちこちで見かけることはないけど、
この島で見かける時には、
それは、ショーではなく、
島の伝統を伝える姿なのでした。

歩行者といっても、ほとんどが ジョギングしてる人（それも水着）で、カッコイイったら。

溶岩の石がゴロゴロしてるけど、
ヤシの木がいいかんじのビーチ。

ランチは どこで 食べよっか

ランチメニューは、
さっき買ったフムス、
トマト、バナナ
（そしてパン）。

親たちが演奏して、付きっきりで指導していた。
毎年ヒロで大きな大会があるときいたが、そのための練習かな。

不思議な気候

すこーんっ
山肌をなめるように降りてくる雲…

この2枚は、同じ時間に同じ場所で撮ったもの（180 度振り返って）。こんなふうに昼近くになると、ほぼ決まって山側の雲が大きくなり、雨が降る。この雲の下辺りは コーヒー農園があるところだ。こんな気候が、コーヒーに ちょうどいいんだね。

・道沿いには 様々な植物が植えられていたが、オフシーズンなのか、花は少なかった。プルメリアも、ほとんど丸坊主。
あらためて、ハーレー君のあの話は、ウソだったんだとわかる。日本人が全部取っちゃうわけないじゃんっ。

カイルア・コナってどんなとこ？

カイルア・コナの町の印象は……
「思ったより、人が少ない」。
一応、オアフ島でいうワイキキなんだけど、
歩いてる人が少なく、お店も閑散としている。
（「テナント募集」も、ちらほら）
もちろん、この のんびりムードが
ここのよさなんだけど、
人が少なすぎるのは、ちょっとさびしい。
季節的なものなのかな。
夜になったら賑やかなのかな。
奥の芝生のビーチに行ってみたら、
町よりは人がいて、ほっとした。
みんな、のんびりとしてる。
そっか、
ここでは こうして過ごすんだね。
UVクリームを塗り合っている
家族がすてきだった。
男の子がおかあさんの背中に、
おとうさんは赤ちゃんに
塗ってるんだけど、
それが、とっても丁寧で。
芝生に座ってのんびりしてたら
眠くなってきちゃった……

芝生側から見たメイン通り。高い建物はひとつもない。（一番高いのはヤシの木）
奥の低い山の稜線も全部見える。美しいなあ。ワイキキも昔はこうだったのかな。

↑↓こんな道を運転出来るシアワセ。

芝生の手前にあった
人工的な小さなビーチ。
近づいて見たら、
意外にも
水がキレイでびっくり！

おっきな木！

なにしろ
木が
おっきい
んだよ
！

大きな木がたくさん。
写真では、迫力が伝わり
にくいけど、建物や道路
を、人と比べてみてね。

砂の外側に広がる芝生。

・観光地としてがんばっているけど今ひとつ盛り上がらない……って、そこまでを全部ひっくるめて、この町の、空気感。
「良さ」であり、「味」な気がする。応援したくなる……盛り上がることを、ではなく、このままであり続けることを……

コナの夕焼け

夕陽がキレイに見える
ポイントがあるというので、
飲み物を買って、
その場所へ急いだ。

たくさんの人が、座ってスタンバイしてた。

さっきマーケットで買った
マカダミアナッツを広げて、
コナの夕陽に、カンパイ。

太陽の前に、どどーんとヨットが停まっている。
（ずっと動かないから、サンセット・クルーズなんだろう）
もう、ジャマでしょ～……と思ったけど、
ずっと見てたらなんだかすてきな風景に見えてきた。

太陽が
ヨットの中に
沈んでいったよ。

芝生ビーチ辺りの、ほのかな灯り。

・サンセットを見るために、飲み物とつまみを用意して、夕陽をやたらに写真に収める……典型的日本人の夕暮れのひととき。

焼き肉ナイト

宿に戻って、部屋で晩ごはんを作る。
といっても、この部屋にはキッチンがないので、持ってきた自炊グッズ、登場。
メニューは今日も牛肉。
それを薄くスライスし、ホットプレートで焼き肉しよう！
さて、うまく焼けるかな。

肉、
ぐにゅぐにゅして
切りにくい
塩胡椒
しとく〜
トマトとフルーツ
切っちゃうね

RANCHER'S
Reserve
Ask our
Butcher about
custom cuts.
肉は、この前より
1ランク上げてみました〜♡

じゅう〜
火力はコンロほど強くないので、煙も出なくて安心。

■はじめて持ってきたクッカー■

お米を炊きながら、おかずも温められる、という製品。
「調理機能付きお弁当箱」と銘打っているので、
職場などに持っていって、温かいランチを食べる、
というのが、本来の使い方みたい。
でも、電圧が切り替えられるところをみると、
「海外に長期出張する人がホテルで使う」のを
想定してるのかなと思う。
お米を炊く以外に、お湯を沸かしたり、麺をゆでたり、
煮込みやスープを作ることも出来るし、
なんと「小さなホットプレート」が付いているので、
肉を焼いたり、簡単な野菜炒めも作れます。

■今日の食卓■ ベッドまわりのスペースが狭く、コンセントの位置も決まっているので、
部屋の隅に寄り合って。

おままごと風食卓。

部屋の椅子は、
ビニールを敷いて
サイドテーブル
として利用。
↓
コードの長さが
ギリギリ。
↑
テーブルは、
テラスに
あったもの。
ピクニックで
使おうと思って
持ってきた椅子が
部屋で大活躍。
←

・以前チェンマイでアパート暮らしをする時に、「電圧が切り替えられる（＝海外で使える）ホットプレート」を探したことがあったが、存在しなかった。かといって、「旅行用として売られているクッカー」は、知る限り、ホットプレート的に使えるものがない（湯沸かしや炊飯まで）。なので、コイツはとてもありがたい一品。（難点は、かさばること）

自炊ライフ、こんなかんじ

ここでちょっと、食事情について。

今回の旅は、基本「自炊」をする予定。

理由は、

①節約のため
②車移動なので食事の時間が読めない
③レストランは一部のリゾート地やヒロなどの大きな町にしかなさそう
④あっても、「郷土料理を食べないと！」という土地柄でもないし

……といったところ。そしてさらに、

⑤朝市で野菜を買ったり、スーパーでお肉や食材を買いたい～
⑥部屋で作って食べるの、たのしい～

……っていう理由もあります。

とはいえ、キッチンがない宿が普通なので、いろいろと、道具と工夫が必要です。

でも、全部揃ってるより、工夫や苦労を求められる環境のほうが燃える性分なので、それもたのしみのうちなのかも。

旅のわくわく自炊ライフ。


しかし……さすがに直火でじっくり焼くという、「パンノキの実」を調理することは出来ず、次の宿にそんなキッチンがあることを期待～

パンノキの実は……パンみたいな味なんだって

■調理台と食器棚
道具を広げるところがないので、大きな「鏡台」があると助かる。

■洗い場
洗面所を使うしかない。（ただしゴミを流さないよう注意）

ヨーグルト容器の底に穴を開けて作ったコーヒードリッパー。思ったより使いづらい…

せめて、フタを閉めとく。

■洗った食器は
置き場が無ければ、（抵抗はありますが）トイレのタンクの←上に。

■持ってきたもの■

■食材

- 無洗米とパスタ → 現地で買うまでの数回分。（あらかじめ1回分ごとに分けて持ってくと便利）
- 調味料類
  - 醤油＆わさび → お刺身についていたものなどを。
  - オリーブ油 → 小さなペットボトルに入れて。
  - 塩胡椒→ 現地で買えるけど大きくて余っちゃうので。
- 挽いたお茶・インスタントコーヒー → この容器が便利。↗
- お茶漬けの素、インスタントみそ汁など

どちらもパカッと開く。
チョコベビーとスパイスの容器。

■食器

- お椀 → 旅先では大概「平たい皿」しかないので、深い器は重宝する。→
- プラコップ → ガラスコップの気分で使える透明のがお気に入り。→
- 箸、スプーン、フォーク →

電子レンジで使えるメラミンの。

プラスチックだけど金属風なのでわびしくない。

本来は、デザート用の容器。

■道具

- ざる＆ボウル → かさばるけど、使う頻度が多いので。
- まな板 → 衛生面で、自分たち専用のものを用意。
- ナイフ → 100均で買ったセラミックナイフがよく切れる。→
- ラップ → 食器を汚したくない時や、おにぎりを作る時に。
- 洗剤とスポンジ → 洗剤は小さいポンプ容器に入れ換えて。
- プラスチック容器とクーラーバッグ → お弁当、または余った食材持ち運び用。
- 大きめのプレート → ピクニックで使うかなと思って持ってきた。（が、洗った食器を置く場所として重宝）↑

← 35cm くらい →

・今回はじめて「使い捨ての紙皿」も持って行った。洗い物が少なくなるので、使い分けるといいんだな。
・現地で買ったヨーグルトの容器が、フタ付きで、しっかりしていたので、ランチのご飯を入れたり、マッシュポテトの型にしたり…と、重宝した。

次の日 キャプテン・クックの朝市

今日は、移動の日。
その前に、ホテルの向かいの広場で
日曜マーケットがあるというので、見に行く。
ここも、昨日のケアウホウと同じように
こだわりの商品が多く、オシャレな印象。
さらに、クリエイターのお店が多くて、
見て歩くだけで、わくわくしてくる。

手染めのTシャツ屋さんに、人だかりが出来ていた。
かっこいい青年が
1人で切り盛りしている。
彼が作ってるのかな、
色もデザインも質感もすごくいい。

涙のようなカタチをした
透明のガラスの中に、
クラゲやサンゴやプルメリアの
ガラス細工が入った
不思議なペンダントヘッド。
これも欲しいな、どうしよう。

他にも、革細工や、
姉妹で作ってるらしい
貝やガラスのアクセサリー、
砂を混ぜた陶器など、
元手作りフリマーとして
気になるものばかり。

いらっしゃいませ……
シャイなフリマーな頃。

今 私、この技法を勉強中なんです
「母ズ」へのお土産によい気がして、じっくり見て後で買おうとして……
……忘れた～！

この先いくらでも売ってるよね、と思って買わなかったら…
……二度と出会えなかった。

ちょっと退屈そうな店番の女の子。

芝生を囲むように店が並ぶ、
立地もステキなマーケット。
（隣に植物園があるからかな）

← 父と子のほほえましい姿、ちらほら。

針金で作られた車のおもちゃ。

← この店、ケアウホウにも出てた。

・他にも、お茶、ジュース、ジャム、パン、お菓子、マッサージのお店などがあった。
・あるコーヒーのお店にて。「ダーク・ロースト？　うちは豆の味を壊すからやらないの」と強気に言われたので、では、さぞ繊細な味なんだと思いきや、試飲させてもらった「ミディアム・ロースト」のその味は……酸っぱいお湯味。

しかし旅はまだ始まったばかりだし、
この後行く予定の、
ヒロやコナのマーケットのほうが大きいので、
お土産などは、そっちで買おう、ということに。
でもコーヒーだけは 各地域のものを買い集めたい!!
よさそうなお店はないかと探してみると、
日本人女性のいるブースがあった。
ここキャプテン・クックで
農園をされているそうだ。
試飲させてもらったら、
風味があって、とてもおいしい……
これなら、と思い、自分＋お土産分も購入。

おいしい

「車で旅してるんですが、方向音痴なので、
ナビがなかったら とてもムリです〜」と言うと、
「住んでいたってそうよー。
この辺は小さな道が多いから、
ご近所の家に行くのにも迷っちゃうの。
でもゴーゴルがあれば、どこでも行けるわよ、
ほんとにありがたいよね、ゴーゴル♡」
ゴーゴル？………あ、グーグルか。
グーグル・マップのことだね。
ここの方言なのかな？ かわいいな、ゴーゴル。
さあ、そろそろ宿に戻って
「マナゴ」をチェックアウトしなくては……

■女神ペレ、怒りの矛先は…■

中国系の女性が売っていた、貝や石などの自然素材を使ったペンダント。その中に、気になるものがあった。

あれ？これって本物の溶岩ですか？

そうよ
えっペレさんに怒られちゃいませんか？

「この島から溶岩を持ち出すと、火の女神ペレの怒りにふれる」といわれている。

一瞬言葉に詰まった後……

……私は信じないわ！

開き直ってたけど、じつは信じてるみたいな顔してたね
伝説を信じてても、実際に溶岩を持ち出すのは自分じゃなくて買った人だし〜、ってところ？

100% KONA COFFEE JUST AHEAD
ゴーゴルさんのコーヒー店。

ハワイ語って、ローマ字みたいにそのまま読むみたい。

たとえば、地名でNapoopooというのは、

「ナプープー」なのかと思ったら、「ナポーポー」らしい。

あぁ、そしたらGoogleは「ゴーゴ（グ）ル」になるよね。

LILIKOI (passion fruit) 3 for $1
パッションフルーツ。
現地語で、リリコイ。

生姜入りの蜂蜜を購入。

・ゴーゴルさんのコーヒーは、ポットに入ってる試飲なのに、はじめておいしいと思えた！ きちんと淹れれば、ポットに入れても、こんなに風味を保てるんじゃん！ コーヒーの味って、ほんとに、豆の種類や産地だけじゃないんだな〜

農園探して、ちょっと寄り道

車に荷物を積み込んで、南へと進む。
……と、その途中に、
寄ってみたいところがあった。

スーパーで買ったコーヒー豆の袋に かいてあった住所。
それがこの近くだったので、「その農園を探してみよう」
という、ちょっと冒険的な試み♪

行く方法は、もちろん、ゴーゴル頼りで。
ゴーゴルが教えてくれる道は、
進むほどに細くなり、
両脇の木々が、うっそうとしてきて……
やがて、砂利道になった頃、
案内が終了した。

そこには たしかに、
その番地が かかれたポストがあった。
でもコーヒー農園の看板は見当たらない。
恐る恐る敷地の中に入ってみる。
しかし、道はボコボコで、
土地は荒れ、コーヒーの木はなく、
廃車になった車と、ボロボロの家……
……諦めた。

ウキウキ気分で始めた農園探し、
失敗に終わる。

こんなワイルドな道まで
載ってるんだ……
ゴーゴル、すごい……
こ、この道
行くのぉ？

アボカドやパンノキが
覆いかぶさって、
道がどんどん細くなる…

まずは 11 号線を南に……

そこから右折して、狭い道……

また右折して、埃っぽい道……

■推測イロイロ…■
もう潰れちゃったのかな？
いや、住所だけ借りてるとか？
……なんのために？
あっ、コナ・コーヒーって
生産量より販売量のほうが
多いとかって
問題をきいたことが……
えっ……
……あ！
あくまで推測です！

■ヘンなおじさん■

私たちが迷っていたら、ちょっと変わった
おじさんが声をかけてきた。一緒に農園を
探してくれるというが、ちょっとクセがある
かんじだったのでどうしようかと思っていると、
そのうち、ある家の庭先にいた男性が、
彼を見るなり、怒鳴りかかってきた……

ひ〜〜
今 何かした というより、
日頃の行いを怒られてる
かんじだよね……
今のうちに
行っちゃい
ましょう…
ブフォーン

・たしかにこの島の面積からしたら、出回っている「コナ 100％」は、多すぎる気もします……
・ちなみに、コナ地区で収穫された豆が 10％以上入っていれば「コナ・ブレンド」と明記出来ます。
（もちろん「コナ 10％」などと、配分を明記しなければなりません）

コーヒー農園？のマダム

諦めて30分ほど進んだ頃、
コーヒー農園らしき看板を発見。
敷地に入ると、建物の2階のテラスから、
マダムがこちらを見ていた。

家の中に招かれ、少しお話をする。
私たち「すてきなおうちですね。（農園はどこなのかな？）」
マダム「ありがとう。（この人たち何しに来たのかしら？）」←推測
なんだか話がかみ合わず、場は白けていってるような……
マダム「……コーヒーはすき？」
私たち「もちろん！（あ、農園ツアーですね！）」
マダム「あるわよ」
そう言うと、すぐそこにあった段ボールから、
コーヒー豆のパックを、ひとつ取り出した。
それはまるで 私の分だけど譲ってあげてもいいわよ、
ってかんじで……彼女もどこかで買ってきてる？
（ここ、農園じゃないの？）
とりあえず譲ってもらった後、
（まだ帰らないのかしら？）的空気を感じ、
「じゃあそろそろ…たのしかったです。ありがとう！」
と、たのしかった感を出して、
おいとましました。
（あの看板は何だったんだろう……？）
車を走らせると、雨がポツポツ降ってきた。
暗くなる前に、さらに南へ進まなくては。

ALOHA FARMS
KONA
COFFEE
B&B

…こ、ここは、アロハ・ファームズですよね？
コーヒー農園ですよね？
そうよ♡

…って始まりだったのに……
真相が究明出来ない……

途中、ペインテッド教会を見学。

天気が悪くなってきた。
（カラー写真です）

ヤシの木が描かれてるけど、
ハワイっぽくは ない。

Meadow Gold

教会の駐車場で、
持ってきた
ランチを食べる。
（ご飯をオリーブ油と
塩で味付けしたもの）

道路脇にあった無人販売で、
アボカドと青いパパイヤを購入。

・マダムは日本好きのようで、インテリアや本、アンティークの着物などが、部屋のあちこちに置いてあった。……のに、私たちにはまったく興味が湧かなかった模様。（唯一きかれたのは「日本ってメロンが高いんでしょ？」でした）

・譲っていただいたのはダーク・ローストの豆。1ポンド（約454g）＝$25と安かったが、ラベルは貼られていなかった→ので、「コナ・コーヒー」なのかは、？です。（でも、濃い味でおいしかった）

ちょいと走馬灯

ところでパンノキの実

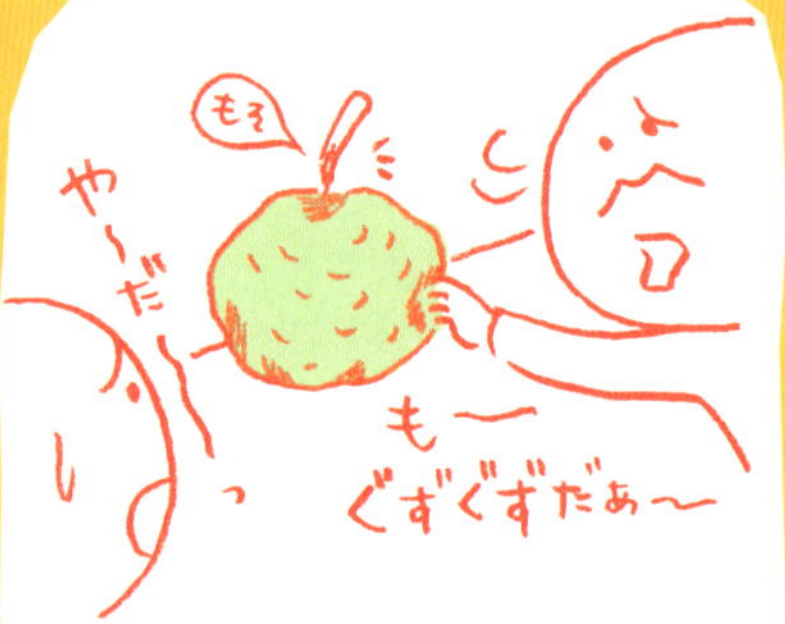

朝 持ち上げたら、ぐずぐずになっていたので、マナゴで処分しました……
せっかく次のホテルが
キッチン付きなのに、残念だけど……

スターフルーツの輪切りで、
星空プレート。（朝食だけど）

マナゴ・ホテルのレストランは、ちょっと不思議な
「日本風」食堂。欧米人がわざわざ食べに来るんだって。

付合わせ3品。

ポークチョップ。

こちらは
マウイ島の。

ハワイ島のご当地ビール、ロングボード。

ムンクの「叫び？」

コーヒー農園の博物館にて。

殻付きマカダミアナッツ。

割って食べたい……と
毎晩見つめてた。

鳥・ラブ

朝食を食べてると、小鳥がやってくる。

カメラを向けてる間にコーヒーが冷めちゃうよ。

ヤモリ・ラブ

あざやかな色、くりくりの瞳、しぐさ……きゅん。
（苦手な方、ゴメンナサイ）

荒波、溶岩、サンゴ、
そして、ロコな女性。
お祈りをしていたのだろうか。

U.S. MAIL

白い郵便配達車。

WAHINE

KANE

ペトログリフ風の、
トイレの男女表示。

マナゴ名物？

マナゴの
泊まり客は
朝食後、庭の
トリたちにも。
各階から
ひゅん
ひゅん

トリたちも
わかっているのか、
エサが投げられる前から、
続々集まってくる。

道のこと、イロイロ

2 HR PARKING
8AM-5PM
EXCEPT SUNDAYS AND HOLIDAYS
NO PARKING ANY TIME

この電柱から左は
2時間 路駐 OK。
（但し平日の8-17 時に限る）
そして ここから右は、
いかなる時も駐車禁止。

…というわけで、
はじめての
路上駐車、
どきどき。
（ちょっと曲がっちゃった）

STOP! ←LOOK→

「止まれ見よ」
…あ、LOOK の O が、
「目」になってる♡

横断歩道の旗。日系人が
持ち込んだ文化かな。

お宿拝見

「道路を走ってる最中に見つける」ことは
出来なかったが、ネットで見つけた宿に、
ナビを頼りに、数軒行ってみた。

部屋が見たいと言ったら
「NET で見て」だって。
ブブー。

日本人女性が
切り盛りされてる
すてきな宿もあった。

沿道には…

道沿いには、魅力的な店がちらほら……

寄ってみたい店があっても、海で遊んでから来ると、あっというまに閉店か、すでに閉店！

チョコボール屋さん。
おいしそうで、
パッケージもかわいかった。
（が、高かった……）

スーパーには、限定パッケージのキャンベルスープ。

100%
コナコーヒー、
今のところ
5種類買った♥
自分でいれて飲むのが たのしみだよう〜

お土産には重いから写真を…

アパートの名前が、溶岩とサンゴ（貝も？）で作られてる。

やっぱり気になるアレ…

気になって、通るたびについ、「原因」を探しちゃう。

ミラーがぶつかったのは、180号線、
この辺りの……何か。

マナゴのラナイから見る、
海を染める夕焼け。

第3章
カウ地区、キラウエア、ヒロの町

ハワイ島の南部（…は、アメリカの最南端だそう）、
滞在先に選んだのは、パハラという小さな町。
ここを拠点に、キラウエア火山を見学する。
そして、島の東側、ヒロへ向かいます。

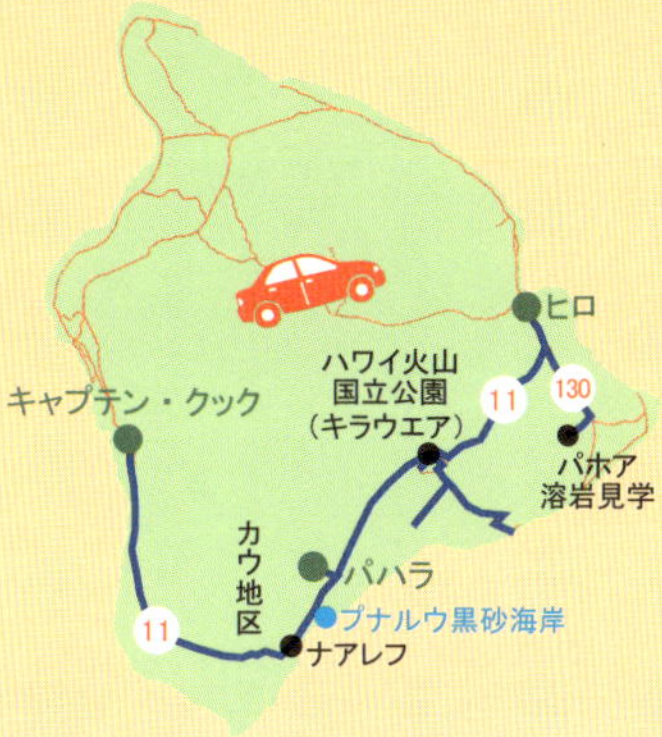

さて、横道から11号線に戻り、まっすぐ走り続ける。
もともと建物があまりなかったその道は、
さらに、何もなくなり、黒い溶岩と、
パサパサな草だけの風景になった。

黒い溶岩、一面灰色の雲、どこまでもまっすぐな道。
信号がない。雨が激しくなり、視界も悪い。
ワイパーがメトロノームのように……

……眠い。

休憩したくても、
「サービスエリア」も「道の駅」も「コンビニ」もない。
ついでになぜか、「ガソリンスタンド」もない。
車社会って、そういうの充実させたほうがいいんじゃないのっ？
……と、悪態つきながら……

とりあえず、
停まれそうなポイントまでの
応急処置として、
音楽を「激しいもの」に切り替え、
助手席の者も大声で唄う。
「あ、この先に見晴らしポイントがある！」
そこに車を停め、20分ほど仮眠をとった。
その後、お菓子でエネルギー補給もして、
運転手、無事復活！
さあ、先を急ごう。

♪山頂ーは
晴ぁれてるー
さぁーんちょーは、
はぁれてるー♪

……なんとも景色と合わない歌詞。（願望？）

えーと、
この先の休憩ポイントは？
……ないか……
じゃ、目的地まで何キロだろ…
Zzz？

↑仮眠中。（しかしずっと悪夢を見ながら）

どしゃぶり～

■この辺りの地形■

左（山側）から右（海側）に流れていった溶岩。
それを、横に突っ切るように、道路を通している。

なので、「溶岩」地帯と「緑地」地帯が
交互に現れる、不思議な風景を味わえる。

俯瞰《ふかん》すると、
こんなかんじ？

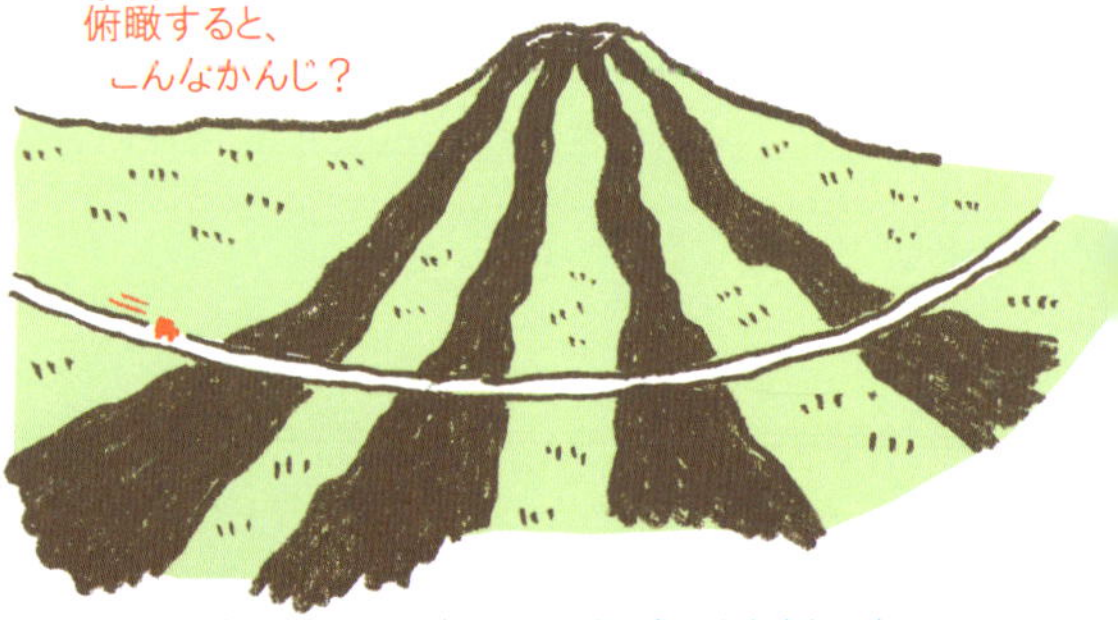

＊あくまでイメージです。（この図の車は大きすぎです）

・地図で見ると、この辺りに、区画整理された住宅街があるようだ。その名はオーシャン・ビュー（道沿いに、建物は見当たらなかったが）。もし天気がよかったら、ここは、眺めの良いドライブコースだったのかなぁ。

はじめてのガソリンスタンド

さあ、一気に進むぞ!!　…と気合いを入れたら、
10分ほどでガソリンスタンドが現れた。（記憶に間違いがなければ、最初の建物！）
今休んだばかりだったが、次いつあるかわからないので、
寄っていくことにする。
じつはこれが最初の給油。セルフのお店なので困った。

難関① 給油口を開けようと思ったら、開けるレバーが見つからない！

難関② 支払い方法がはっきりしない。給油機では日本のカードは使えない。

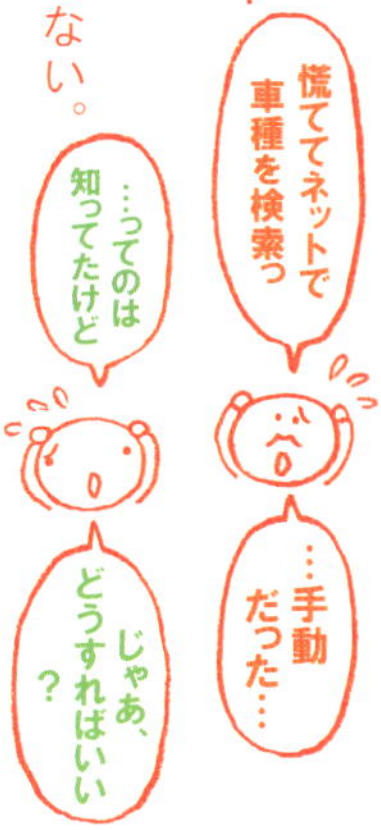

慌ててネットで車種を検索っ
…手動だった…
…ってのは知ってたけど
じゃあ、どうすればいい？

併設していたスーパーの店員に助けを求めに行く。
「満タンにしたい」と言うと、
「オッケー、何ガロン？」ときく。え？ わからないよ〜
「じゃあ、いくら分入れる？」それもわからないよぅ
「満タン」じゃだめなの……？
すると、まずカードで50ドルを決済するという。
そして給油した後、
差額をカードの返金手続き（？）で返す……
……な、なぜそんな面倒なことを？
ほんとに戻ってくるのか不安なんですけど……
その不安なシステムはさておき、
何もわからない私たちに、
最後まで親切丁寧に接してくれた店員さん。
大変お世話になりました。

■ありがとう！■

給油システムは、？？だったけど、
手伝ってくれた青年は、とても親切だった。
片言の日本語を使ってくれたり、
アホみたいな私たちに根気よく接してくれた。

カードはあるね？
OK、じゃ、ちょっと
ついてきて
すいませんね…

かっこよく使いこなしたかったな……

■ガソリンの価格■

リットルに直すと、1ℓ ≒ 91￠でした。

日本よりは安いけど、
アメリカの中では、相当高いらしいです。

■つくづく不思議です■

サービスエリア的な発想って、ないのかな。
トイレは、仮設式のものが外に2つあるだけだし、
スーパーはあるものの、軽食すら出す場所もないし…

……不満というのではなく、
単純に、車社会なのに
そういう施設がないのが不思議。

・その後行ったガソリンスタンドでも、同じように決済された。結局、3回の給油すべて、店員さんに頼ってしまって、とうとう「スマートな給油」を身につけてくることは出来ませんでした……情けない……

・トイレ。スーパーの店員にきいたら「ない」と言われ、外に出て、自力で、建物の裏にあるのを見つけたが、仮設式のトイレで、とても汚れていた。お客に貸すトイレではなかったのかも？

アメリカ最南端の町、ナアレフ

相変わらず雨が降っていたが、
最南端ポイントを越えた辺りから溶岩は消え…
木々がうっそうとしてきて色が増え…
目にたのしいドライブになってきた。
道も、狭くなったり広くなったり、
急坂や急カーブが多く、
制限速度もコロコロ変わり、
眠気覚ましには、最適な道だ。

そしてまたまっすぐな道になると、
民家がちらほら現れてきた。
あ、建物がある、信号がある、
と、久々の人里にホッとした頃、
ナアレフの町に着いた。

ナアレフは、ハワイ島だけでなく、
アメリカ合衆国の、最南端の町だそうだ。
それでも「最南端まんじゅう」なんかが
売られているわけでもなく、
ごく普通の、ひっそりとした小さな町。

ただ、この町には、道路沿いに
ちょっと有名なパン屋さんがあると
きいていたので、寄ってみることにする。
（さっきのガソリンスタンドからこのパン屋さんまで
30分位のあいだ、立ち寄れるポイントがなかったので、
たぶんここは「道の駅」として重宝されてるようだ）

11号線の最南端辺りの見晴らしポイント。
延々と真っ黒な溶岩の迫力。……晴れてたら海が見えるのかなあ？

溶岩が流れてきたら
そのまま手をつけずに放置……
……って、土地に余裕ありすぎ？

途中、マーク・トゥエインが植えた
モンキーポッド（この木なんの木♪）の
ある辺りを通過。
（たぶんこれかなー、というかんじで）
そして、ナアレフに着いた。

途中の、アップダウンの激しい道。ドライブ！ってかんじだけど、
暗くなってからは走りたくないなー……って道。

街路樹もあるー「町」だ～
わー、歩道があるー

馬？→

・きっと、雨じゃなかったら、もっとステキな景色の連続なんだろうな………ちょっとくやしいキモチ。

パン屋さん、そしてその先へ

パン屋さんの店内は、なぜか真っ暗だった。
変わった店だなあ、行列もすごいし、
大人気みたいだけど……と見ていたら、
停電だった。レジが手動になり、大忙し。
なんとか買えて、テラスで食べ始めたら、
お店は、閉める準備を始めてる。
え、まだ5時なのに、早くない？
「閉店です」
今来たお客が、びっくり＆ガッカリしてる。
でも考えたら、ドライブインじゃなくて、
パン屋さんだもんね。

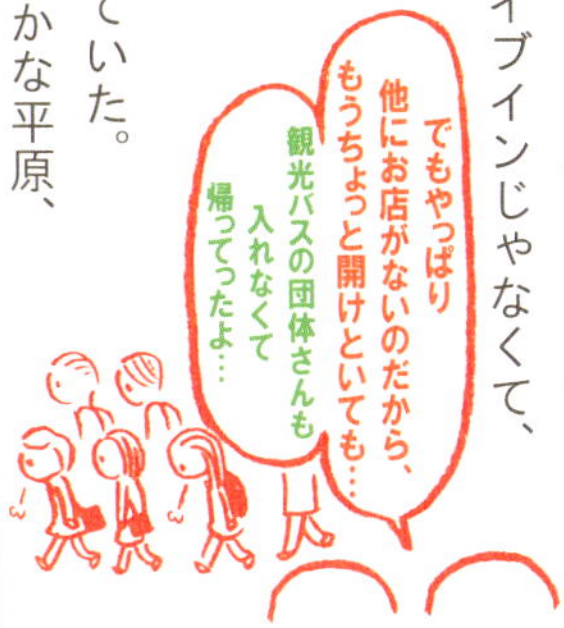
でもやっぱり
他にお店がないのだから、
もうちょっと開けといても……
観光バスの団体さんも
入れなくて
帰ってったよ…

さて、と、
私たちも出発。
この先の道も、また、
飽きない風景が続いていた。
牧草地のような のどかな平原、
その奥に小高い丘……
かと思うと、いつのまにか
海が見下ろせる高さを走ったり、
また荒涼とした溶岩ロードに戻ったり……
そしてまた雨が降ってきた。
はー、明日もこんな天気なのかな…
……あっ、道の先、明るいよ。
きっと、晴れるよ！

終わったと思ったら、
また時折 現れる、溶岩。

←壊れた桟橋
高台からの
きもちいい眺め！

ここはかつて、港や村があったそうだが、
大津波の被害に遭い、
今は桟橋だけが残っているとか。

■プナルウ・ベイク・ショップ■

リンゴのマラサダを頼んだら、
「ない！」とキレ気味で言われる。
（ウインドーを確認して頼んだのに一…）
停電でパニクッてるからなの〜？

お目当てはマラサダ。
（揚げパンのようなもの）

これはイチゴジャムの
入ったマラサダ。

お店の横のテラスで
コーヒーとともにいただく。
ちょうどよい休憩になった。

■忘れ物！発覚■

パン屋さんに着いた時、肌寒かったので、
ジャケットを取ろうと、トランクをあけたら……

あれっ？
ない……
あ……
マナゴ・ホテルの
クローゼットに
かけっぱなし
！
……あぁ……
……。

・このパン屋さんのパンは、ハワイ島のあちこちのスーパーでも売られていた。（マラサダじゃなくて、食パンタイプのほう）
・「マラサダ」は、ポルトガルからの移民が持ち込んだお菓子。お店によって味も食感も違うし、クリームやジャムが入ってるものもある。

宿はどこ〜？

目指すパハラの町へは、
苦手な「左折」をして入るのだが、
対向車もなく、無事に曲がることが出来た。
しかし、そこからが大変だった。
オーナーから送られてきた「道順（英語）」通りに
進んでいるつもりなのだが、
どうしても、宿らしき建物にたどり着けない。
小さな町なのに、どういうこと!?
町の中をぐるぐるぐるぐる、のろのろとまわっていると、
対向車の男性が、声をかけてきた。
「もしかして、宿を探してるの？」
なぜわかるんだと思いつつ「そうです！」とこたえると、
とりあえずついてくるように言われる。
すると今度は、女性の乗った車が現れた。
その女性は、彼に礼を言ってからこちらを見て、
「私がオーナーです」と名乗り、宿まで誘導してくれた。
「……さっき通ったよね、ここ……この家も見たわ、
しかもこの道って、最初に入ってきた大通りだよ……」
私たちは推測しました。
あのいただいた「道順」のわかりにくさで、
客がしょっちゅう迷っているのではないかと。
あの男性は、「またあそこの客が迷ってるぜ」と思い、
オーナーは「なぜみんなこんな小さな町で迷うのかしら」
……って、繰り返しているんだろう、と。

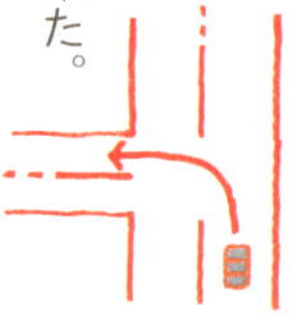

日本の右折と同じく
道をまたぐ。

コテージの裏。
こちら側の芝生も広い。

一戸建てのコテージ。ほぼ、町のど真ん中に位置してるのに、庭が広い！
ぐるーっと囲む芝生には、車が 100 台くらい停められそう。

彼女から送られてきた道順は、
丁寧すぎて（6行もあった）、
でも、肝心なポイントが
かいてなかったような…
（もちろん私たちの読解力も問題アリ）

思うに、これだけでよいのでは？

パハラのメイン通り、
ガソリンスタンドの先の、
広い芝生の白い家！

この芝生……今子どもだったら、トンボ返りが止まんないな……
ごろごろも止まんないな…
大丈夫、大人だから やんないよ！

・コテージの扉には、私たちの名前をかいた紙が貼ってあり、オーナーと一度も顔を合わさないで借りられるシステムのようだ。（予約は「ホテル予約サイト」、支払いはカード）迷ってしまったので呼び出すカタチになってしまったが。

部屋に感激！

オーナーが、扉を開けてくれる。
その途端、とてつもない広さのリビングが現れた。
その瞬間、しまった！と思った。
（……ああ、ここって、火山村にあるような、
「一軒家を数人で借りるスタイル」だったのか！
リビング・キッチン・バストイレが共同の……。
ちゃんと読んでなかったよー
道理で100ドルほどで安いと思ったよ……）
軽くショックを受けながら、（共同系、苦手）
彼女の説明をきいているうち、
……ん？　あれ？　もしかして？
恐る恐るきいてみる。
「あのぅ…ここって、
私たちだけで使っていいんですか？」
「もちろんよ？」
えええええ！

全部使っていいんだって！

全部使っていいんだって！

カク
カク
くるっ
くるっ

ラスベガスでスロットが当たった時と同じ リアクション。

というわけで、
自分たち史上、最高の広さの宿ライフ、はじまり〜！

キッチン側から見たリビング。

リビングは、走りたくなる広さ。
ソファも奥のテーブルも、写真だと小さく見えるが、とっても大きい。

テレビ
便利な台
大きなテーブル
ソファ
机

奥の明るい扉の先は、キッチン。テレビの裏辺りにバスルームがあり、その両脇に、2つの寝室がある。

広くて明るいキッチン。

小さな椅子とテーブルのコーナー
→この奥にテラスあり
うれしい洗濯機&乾燥機

備え付けの大きな食器棚。大型冷蔵庫が小さく見える。

それぞれの寝室。窓のカタチがかわいい。

・腐ってしまって、仕方なく置いてきたパンノキの実……ここのオーブンで焼いてみたかったなぁ。

お散歩と部屋食

荷物を部屋に運ぶと、暗くなり始めていた。

町を散歩がてら、買い物へ出かける。

この町には、お店が3軒あった。

5時に閉まる、小さなドラッグストア、*1
7時に閉まる、老舗的スーパー、*2
9時まで開いてる、小さな売店。*3

すみ分けをしているようだ。

もう8時を過ぎていたので、今日はその売店で。

朝食用に、牛乳を買った。

帰り道、空を見上げると、星がやけにキレイだった。

それもそのはず、この町で今、灯りがついているのは、この店だけじゃないだろうか、という暗さ。

■夜食作り■

時間も遅いので、簡単な夜食を作ることに。
- アボカド → ひとつは カビてたので、もうひとつでディップを作る。チップは、プリングルス。
- サニーレタス&トマト → 塩とオリーブ油でサラダ。
- ビール → 冷凍室で、キンキンに冷やす（久々！）

冷蔵庫のアリガタミ♡

Kraft

テーブルが、昨日までと違いすぎ。
（大きさや、ゴーカさが）

青パパイヤは次に使おうー

これはこれでたのしかった、
マナゴ ライフ♪
“ベッドの狭間のピクニック”

思った以上に
「田舎」だったパハラ。
レストランも なさそうだし……

ここの夜の暗さ、マウナケア山以上かも…
ほんとに？

■くつろぎタイム■

部屋の「全部」を どーにか堪能したくて、
食後、ソファに移動して、テレビを見ることに。

広すぎて、テレビ遠いな
あー、こんな時あのナッツが食べたい…
早くナッツ割り器見つけないとな…

↑
コーヒーを淹れた。
（ちゃんとしたコーヒーメーカーで）

＊1 ロングス・ファーマシー（大型ドラッグストア、ロングス・ドラッグス系みたい）。薬の他、お菓子やドリンク系も。
＊2 MIZUNO。品揃えはダントツ。生鮮品から金物屋のような品物まで、長年お客の要望で品数が増えていったというかんじ。
＊3（名前わからない）キオスクのような小さな売店だけど、一通りのものが揃っている。

次の日 コテージを満喫♡

昨日、牛乳を買った理由は、
キッチンの角にある
テーブルセットを見て、
朝そこで、カフェオレを
飲みたくなったから。
思った通り、朝にぴったりの場所。
大きい窓からの日射しがキモチイイ。

その後、お弁当作り。
……といっても、
具がなかったので、
ご飯を炒めただけだけど、
それでも、外国のキッチンで
料理をしてることがたのしい。

ここで過ごすのが
たのしすぎて、
延泊しようか！と
盛り上がったけど…
……後の予定が
きつくなるのもな、
と思い直しました。
となったら、
ここにいるあいだは、
なるべく早めに帰ってきて、
めいっぱい たのしむことにしよう。

上2段、全部ヨーグルト。
冷蔵庫がスカスカでさみしい。今日食材を買ってこよう。

4口もあるＩＨ調理器。

朝食タイム満喫

Pringles
IDAHOAN
Maruchan
Top Ramen
Newtons fat free

壁一面の食器棚がある宿なんて、
ちょっとないよね。食料を置いてみたら、
ちゃんと住んでるみたいで、気分も上がる～

今日のランチセット。

パン（＋蜂蜜、ホイップチーズ）、
ヨーグルト、カフェオレ。

朝から
まったり…

屋根の裏に
あの黄緑色の
ヤモリがいた♡
↓

次の日の朝食は、テラスに出てみた。
食べる場所が いっぱいあって忙しい。

・よくないこともなかったわけじゃない。①お湯の出が悪い。②早朝から外で爆音。→芝刈りかと思ったら、木材を粉砕する作業場？（てことは年中うるさいってこと？）③裏の家？のドラムの練習音も、なかなか。④寝室に大きなムカデが出たー！→ほうきやちりとり、いろんなものを総動員して追い出す。

カウ・コーヒー農園へ

この辺りは、カウ地区といい、
最近 ここでつくられるコーヒーが、
注目を集めている。
スタバでも使われていて、
私たちもそこで この存在を知り、
いつか農園に行ってみたいと思っていた。
お目当ての農園の場所は
地図で見つけられなかったが、
パハラの町の奥にある
カウ・コーヒー農園を、
訪ねてみることにした。

住宅街を離れ、
こんなのどかな道を、15分ほど、奥へ、奥へ……

わぁ、コーヒーの木だ！

農園入口のショップ。

KAU

「買う」コーヒーじゃありませんよ、念のため。

COW でもありませんよ、
地名です。

■試飲の意味■

ん？すっぱい！
酸味というより会議室のコーヒー＊的な？
こっちは薄すぎてお湯っぽい
＊淹れてから時間が経った味

カウ・コーヒーは、コナ・コーヒーより、
酸味がなくフルーティなのが特徴だということだが、
試飲のものは酸味が強く、風味がなかった。
（ポットからだから、ある程度は仕方ないけど）
「風味・香り」って
やっぱり重視してないのかなぁ……
せっかく丁寧に豆を作っているのに、
こんな試飲では逆効果では？？
と、またまた心配になる…

もったいない…

くわしいことはわからないけど、西側のコナ地区とは
地形や気候が違う気がする。

カウのコーヒー畑だー！……思えばコナの農園巡りでは、最後まで、
こんな規模の農園を見ることは出来なかったなあ。

この道→の、左が、この風景←

お散歩コースにしたい、
畑のあいだの、きもちいい砂利道。

・ここで買った豆を、家で淹れてみましたが、ちゃんと風味がありました！（他でもいくつか カウ・コーヒーを買ったけど、味は様々。同じ地区のものでも、やっぱりいろんな味に仕上がるんだね）

ナゾのお寺とナッツの真実

農園の先に、道が続いていた。
何があるんだろう、気になる……ちょっとだけ行ってみよう。
道はだんだん狭くなり、少し荒れてきた。
このまま行ったら戻れなくなるかも……
と不安を感じ始めた頃、なんと……
森の奥に、お寺が現れた。なぜ、こんな山奥に？
カラフルな旗、チベットのお寺だろうか。
しかしお堂を拝見すると……日本風？
庭の端には、日蓮宗の石碑が立っていた。
ハワイに、日蓮宗？　でもチベット風？
寺を後にし、さらに進むと、背の高い雑草が
たくさん生えた荒れた土地が、延々と続く。
あ、これってもしかして……元サトウキビ畑!?
近くには、どこか日本風な廃屋がある。
この地区は、かつて日本人も住んでいて、
サトウキビ栽培が盛んだったときく。
そしてさらにさかのぼれば、このカウ地区は、
ポリネシア人が最初に上陸した土地であり、
ハワイのすべての起源ともいわれている。
その土地には、記憶が積み重ねられていて、
今見えるものだけでは、とても
そのすべてを感じ取ることは出来なくて……
私たち旅人は、その重なった記憶の、
ほんの一瞬にだけ触れていくんだな、と思う。

日系人たちの心のよりどころだったんだろうな。

象に、旗に、ハデな彩色……
タイかネパールのお寺みたい。

どこに続いているんだろう…
行ってみたい……
そんな気分にさせる道。

ナッツの真実？

戻る途中、マカダミアナッツの林を発見。

おお、これが
ハーレー君の言っていた
「放置された畑」って
やつだね！
拾いまくって
いーんだね？
拾おう～!!
石で割って食べよ～♡

拾っていくつか食べた後、車で少し進むと、女性たちがナッツの木の下で、しゃがんで何か作業をしていた。

ん？　収…穫？
……収穫してる？
わわわ
現役の畑じゃん！
なんだよ～拾って
食べちゃったよー!!

その中のひとりが、私たちと目が合うとニコッと笑い……

「…ハ、ハーイ……」
勝手に食べたことを申告する勇気はなく……ひきつった笑顔で挨拶。
……ハーレー君、ナッツ畑についてもウソだったのね……

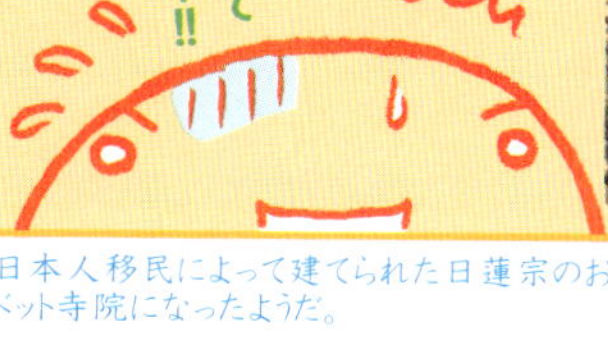

・お寺……1902年に日本人移民によって建てられた日蓮宗のお寺だそう。サトウキビ栽培衰退とともに忘れられ……その後どういう経緯か、チベット寺院になったようだ。

・この他にも、馬が放牧されていたり（牧場主の大きな家も）、製糖工場跡？があったり、巨木が倒れていて、なかなか通れなかったり……と、もりだくさんな小旅行でした。

キラウエア火山へ

コーヒー農園の後、つい寄り道をして遅くなったが、今日はこれから（午後2時）、キラウエア火山に向かう。

パハラからキラウエアに向かう11号線は、両脇に建物がなく、延々このようなまっすぐの道で、40分ほどの道のり。

時々、奥に見える雲が黄色く見えた。気のせい？　噴煙なのか？　道中、ビビリながら進む。

まあ、行ってみよー

ハレマウマウ火口*は、昼と夜、両方の時間帯に見たいので、この時間の出発でよかったのかも。

公園内には、他にもいろいろ見どころがあるようだ。それを車でまわれるらしいが、イマイチ全体の規模がわからない。そして、噴火の状況によっては閉鎖されているところもあり…なので、一応ここの観光に2日間とってある。ムリせずゆっくり見学しよう!!

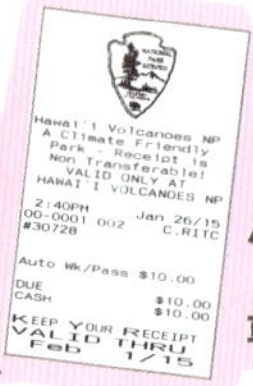
Hawai'i Volcanoes NP
A Climate Friendly
Park - Receipt is
Non Transferable!
VALID ONLY AT
HAWAI'I VOLCANOES NP
2:40PM
00-0001 002 Jan 26/15
#30728 C.RITC
Auto Wk/Pass $10.00
DUE $10.00
CASH $10.00
KEEP YOUR RECEIPT
VALID THRU
Feb 1/15

ハワイ火山国立公園。車1台 $10

このレシートで、1週間出入り自由！それも24時間年中無休！何もかもお高いハワイで、太っ腹な施設だ！

昼のハレマウマウ火口。白煙の迫力！

なぜか ずーっとここに虹があった。いつもあるのかなあ？

煙が、ポコポコ丸まって出て来るね…
マグマの音もきいてみたい

地球が誕生したその時以来、グツグツし続けてるもの。……に通じてる穴がそこに……って、信じられない話。

溶岩のカタチ

「ペレの髪の毛」。溶岩が噴射して流れ出る時に、風で吹き飛んで出来たもの。ガラス質で、触ると割れちゃいます。

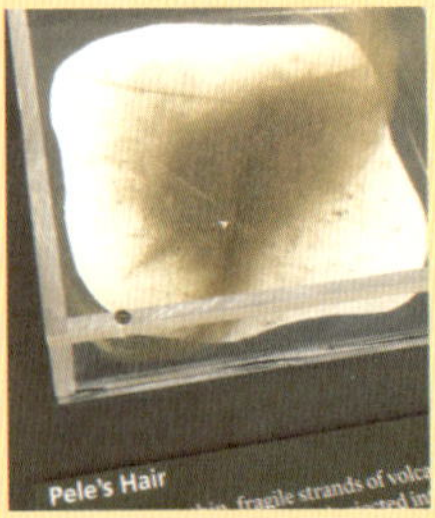

Pele's Hair

公園内の博物館にて。

飛び散った時に空中で涙型に固まった、「ペレの涙」というのも。

マウナロア山*（4169m）を眺めながら、車の中でランチ。

←ご飯をオリーブ油、塩胡椒・醤油で炒めたもの。

＊ハレマウマウ…以前はもっと近くで見学出来たが、現在 二酸化硫黄ガスが大量発生しているため道路が閉鎖されている。自然のものなので、日々様子は変わる。昼間でも赤く噴き上がる溶岩が見える日もあるそうだ。

＊マウナロア…（横に）長〜い山という意味。富士山よりずっと高い山なのに、横に長すぎて、とてもそうは見えません。

溶岩洞窟と、夜のハレマウマウ

公園の敷地内を、車で移動。
この一帯は溶岩台地でパサパサかと思っていたが、
進むうち、熱帯の植物でうっそうとしてきた。

溶岩洞窟（ラバチューブ）まで歩く道は、
密林か樹海かといったシットリ具合。
下るごとに、気温がどんどん下がっていく。
洞窟の中はさらに寒く、さすがの欧米系の
人たちも、バスタオルを巻いて歩いていた。
ここでは、人の背後に「オーラ」が
見えるとき、期待していたけど、
私たちには……
見えませんでした。残念。

夕暮れ、
夜マウマウを見に、道を戻る。
昼間は白い煙しか
見えなかったのに、
今は、赤オレンジに
光っていた。

そしてすっかり陽が
落ち、星空が広がる。
地上は真っ暗闇で、
ハレマウマウだけが
生き物のように
めらめらうごめいていた。

夜のハレマウマウ

赤いのは、直接マグマが見えているのではなく、
壁面や煙に映っているものだそう。

そして夜…
月や
ハレマウマウの
明るさにも
負けない
星空だった。

冷たい強風で
髪の毛は
ドレット気味。

暗くなるほど、中の色を激しく
見せてくれるハレマウマウ。

溶岩洞窟

シダ植物って、
こんなに大木だっけ？

遊園地の
アトラクション
のような入口。

手入れをしていない風（ふう）の
手入れがされている。

洞窟の中に高低差はなく、
トンネルみたいだった。

パサパサどころか、うっそうと……

上には 高原で見るような背の高い木、
下には シダ植物がびっしりと……
そんな、見た目に不思議な植生が続く道。

イキ展望台からクレーターを見下ろす。
（クレーター内を歩いてる人がいた）

・ハワイ島には、地球上の13の気候区分のうち、11があるとか。この公園内だけでも、いくつかに分かれるのだろうか……
・帰りにまた、イキ展望台に行ってみた。真っ暗で、クレーターも何も見えなかったが、その代わりに、少し遠くに、ハレマウマウが、赤くボーっと浮いて見えた。

庭で星を見たこと

帰宅して、晩ごはんを食べて
まったり過ごす。
深夜、星空が気になり、
庭に出てみたら……

満天の星！

月も沈み、
空の黒さが増して、
オリオン座が埋もれるほどの。
風のせいか、
キラキラ揺れて見える。
町の ど真ん中なのに
灯りも音もなく、
思いがけず、
すてきな、星空観測会。

すっごい…！
星が揺れて笑ってるみたい♡
住宅街とは思えないね…
この暗さ、この静けさ…
ここでこんなに星が見られるなんて…!!
（ちょっと寒いな…マナゴに忘れてきたジャケット、今こそ着たいなぁ…）
へぇー
ほら、こうすると流れ星に見えるよっ
流れ星は、3〜4コ見られたが、物足りなかったのか、首を振って流れ星を作りだしている人がいた。

・この頃、TVのニュースは、「アメリカ本土では猛吹雪で非常事態」ばかりだった。同じ国なのにこの違い……
・この夜、ヒロの宿を、ネットで予約した。$100以下の宿はほとんどなく、ほぼ選択肢はなし。
・星空を見ていた時、静かすぎて、部屋に置いてきたスマホの「バイブの音」がきこえたほど。

次の日 プナルウ海岸の、砂とカメ

今日はキモチイイ朝だ。
太陽で程よく暖まった風が、顔をなでる。
ハワイ島に来て、珍しくハワイを感じる。
朝はゆったりとテラスで朝食をとり、
この宿の「午前中」を、充分堪能した。

11時過ぎ、宿から15分ほどの、
プナルウ海岸に向かう。
ここは黒砂とカメで有名なビーチ。
黒砂なんて……と思っていたけど、
近くで見ると、粒は大きく、
キラキラしている。
そして何より、さらさらで、
触った後に手にまったく残らない、
不思議な質感。
これって、やっぱり、
あの溶岩が砕けたものなのかな…
（だとしたら、やっぱり、
女神がお怒りになるから、持って
帰っちゃいけないよね、ひと粒も……）

日光浴しているカメさんの隣で
（「隣」といっても、カメさんには
一定の距離以上 近づけない）
ずっと砂の感触をたのしんでいた。
止める人がいないので、
とことん、ずっと……

ヤシの群生が、
不思議と黒砂に合ってる。

↑珍しくビーチに売店があった。
海の色は
やっぱり黒め。
溶岩ゴツゴツ。
↑カメさん♡

白砂のビーチみたいに駆け出したくはならないが、
ワイルドな魅力が じわじわと惹きつける。

パハラから 11 号へ抜けるもう1本の道。
なんちゅう背の高い木だ！
ここの気候帯はなんなの!?

11 号から海岸へ向かう道。
海へ降りていく、わくわく感。

カメさんよ

キモチ
イイっす

這ってきた跡が消えているので、ずいぶん長いことここにいるんだろうな。あ、今、首を上げてアゴの位置を直した！ 時々動くその瞬間を見逃したくなくて、ずーっと見つめてしまう。

砂がすき

黒砂の中に時々、緑色の粒が混じっている。
数十キロ南に緑色の砂浜＊があるので、
それが流れて来てるのかな。持って帰れないと
わかっていても、ついつい緑の粒を探しちゃう。

この中に時々カラフルな粒が。

超拡大 黒砂。

「意味なく」キレイなのを集めてみたよ↓

中には、砂ではなく
シーグラスも
あるかも。

黒砂って
なんで
こんなに
さらっさら
？
たっ
たのしいっ
見て！
こんな色
のも♥

＊グリーン・サンド・ビーチ……ここから近いので行ってみたかったが、道が悪いためレンタカーで行くことは禁止されていた。
緑色の石の正体は、ペリドット（かんらん石）。オレンジ色のものも、たぶん同じ成分のもの。

・ナッツといい、貝や砂といい、「モノ拾い」に夢中になるクセが……。おかげで時間が押したことが何回あったか……

ナアレフとパハラの町、ぐるぐる

そういえば、まだ「町」を
見てないなぁ、と、車でぐるっと
まわってみることにする。
有名なパン屋さんのあるナアレフと、
宿のあるパハラ。
どちらの町にも共通しているのは、
同じくらい小さな町で、
海岸から山までの
なだらかな斜面に
面しているということ。
すべての道を
一筆書きのように
くねくねと
なぞりながら登ると、
海が望める高台に出る。

ナアレフ

一応アメリカ最南端の町であり、
カウ地区の中心地ということで、
小さいながらも、
銀行、郵便局、教会、レストラン、
スーパーなどが、一通りあった。
宿らしき看板があったので、
その矢印のほうへ進んでみたが、
行き止まりになってしまい、
わからずじまい。

町と海を見渡せる。

シアター。博物館として
見学出来るときいていたが、
ボロボロで閉鎖されてた。

黒砂のプナルウ海岸から
ナアレフへ向かう 11 号線。

主要な施設は、
ほとんど11号線沿いに
あるので、ドライブ中
の人も立ち寄りやすい。

観光客で賑わっていたレストラン。

どちらも、
ハワイらしい風を
感じる町だね

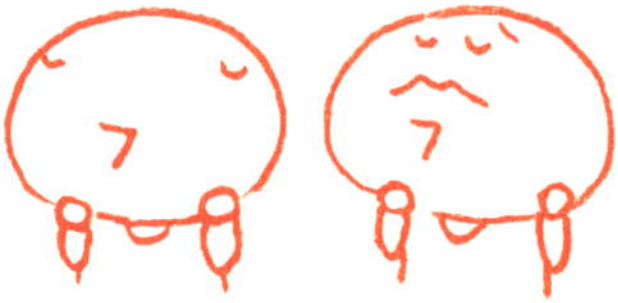

パハラ

こちらの町の中心は、11 号線からだいぶ入ったところにあるので、
普通に走っていたら、町があることには気がつかないかもしれない。
その中心地も、小さな店が3軒とガソリンスタンドがあるだけで、
レストランもなかったと思う（形跡はあった）。
ただ、住宅地の規模は、ナアレフよりも大きいかも。
かつては製糖工場があり、
その労働者が多く住んでいたからだろうか。
私たちが借りているコテージは、
その農園の管理者が住んでいたらしい。

メイン通り。
左に私たちの宿、
右には墓地がある。

ゆるやかな坂の上から海が見える。

そんなに高級な
お屋敷はないが、
広くて、暮らし
やすそう。

・どちらの町でも、ほとんど住民を見かけなかった。せめて朝市がある時に来たかったなぁ。

ゆったり自炊をたのしむ

今日は早く帰ってきた。
まずは（また買っちゃった）マラサダで、
ゆったりコーヒータイム。
それから、洗濯をしたり、
ネットで調べ物をしたり、
暮れていく庭を堪能したり…
…その後、6時半くらいから
夕食の準備を始める。

この宿 最後の夜……
そしておそらく、この後
こんなステキなキッチンには
出合わないと思うので、
存分に料理をたのしもう〜

このキッチンを、満喫しよう♡

さあ、
明日は、ヒロに向けて出発だ。

この先の宿では、コーヒーメーカーすらあるかどうかわからないので、存分にたのしんでおく。

今日の牛肉は、さらにランクを上げてみました。（100グラム 2ドルくらい）

塩胡椒しておく。

青パパイヤで、パパイヤサラダを作りましょー。

スライサーがあったものの、目が細かくて、大変な作業…

お皿もテーブルも立派なので、旅の途中とは思えないね〜

←青いパパイヤとホイップチーズ のサラダ。

この旅の肉で一番やわらかかったー♡

カンパーイ
明日は移動日、がんばろ〜

・この部屋、もっとたくさんの人数（5人くらい）で泊まると、ちょうどいいのかも。

次の日　2度目のキラウエア、そしてちょっとトレイル

テーブルにカギを置いて出てくだけのチェックアウト。

あっけなくて、ちょっとさみしい……

今日は、パハラを後にしてヒロへ向かう移動日だが、その途中でまたキラウエアに寄り、まだ見ていないところを観光する予定。

公園内には、トレイルといって、自然歩道のコースがいくつかある。どれも距離が長くて躊躇していたが、車移動ばかりではつまらない、と思い、少し歩いてみることにする。

■デバステーション・トレイル■

短そうなトレイルの、さらに半分だけ歩いてみることに。

入口は緑豊かだったが、その先は……

何この砂漠感……
ここ、先日の溶岩洞窟の「密林」地帯から、たった1～2kmの場所だよ？？

わーっ　なめらかな丘っ　走って登りたーい♡

また来るねー！

今日は晴れてるーっ！

「ネネ＊横断注意」の標識。

＊雁の一種で、州の鳥

・途中、建物のない11号線沿いに、コーヒー農園らしき看板を見かけて停まってみたが、定休日なのか閉まっていた。残念。

・おとといとは打って変わって青空だった、この日。モヤがかかっていた時とは、まるで違う景色だった。同じところに何度も来られる旅って、スバラシイ。

ヒリナ・パリ展望台への道

その、ちょっとだけトレイルの後、
海に到達する道（チェーン・オブ・クレーターズ・ロード）
に行く予定だったのだが、
地図を見ていたら、それとは別の、
ある展望台が気になってしまい、
先にそちらに行ってみることにした。
その展望台への道は、
途中で引き返すことが出来ない、
狭～いくねくね道。
両側の、
いろんな質&色の溶岩、
その溶岩によって枯れて
白くなってしまった木々……
うるおった道より、
なぜかこんな
荒涼とした風景に
魅せられてしまう。

■ヒリナ・パリ・ドライブ■

道が狭いので、
対向車が来ると大変。
一見、見通しが
よさそうだが、
起伏があるので、
突然対向車が現れたりして
気が気じゃない
……という、
スリル満点ロード。

対向車、来ませんように…

盛り上がった状態で冷え固まった溶岩。

何この道、すごいよ
この荒涼感、来てよかったよぉ～
Zzz
急な睡魔に負ける。
おこのみの「荒涼とした風景」に、コーフン。

白く枯れた木。
溶岩の熱さに、もだえ苦しんだように見える。

……あ、海が見えてきた。
海だよ!! 起きて～!!

「もっとかっこいい枯れ木や溶岩、あったよね」「そうだね。でも道が狭くて途中で停められなかったから、写真が撮れなかったよねぇ」（…いや、ドライブ中のカメラ担当、半分寝てたよね……）

たどり着いた人たち

展望台からの景色は、期待を超えるスケールだった。
広大な土地。群青色の海と、
溶岩のコントラストが美しい。

わ——!!

恐れ入りますが、この景色が、右に180度以上
広がっていくのをイメージしてください～

展望台で深呼吸をしていると、60代くらいの欧米人のご夫婦が後からやってきて、そのまま、目の前の茂みに入っていった。
（よく見るとさらに先に、細い道があるようだ）

ずんずんと茂みに入っていく奥さん。と、その後ろをついていく旦那さん。
その旦那さんが、茂みに入る前にこちらを振り返り、「仕方なさそうな」微笑みを私たちに投げかける。

10分後……絶景を見終わって戻ってきた奥さんが、あなたたちも行くべき！と力説。
絶対行くべき！
見るべき！
たったの200メートル！

そしてその後をついてきた汗だくの旦那さん、私たちの前で立ち止まり、呼吸をととのえ、
…ハロー
ハァ
ハァ
その一言で、何かを訴えていた。

オススメ通りに200mほど茂みを下ってみたら、
そこは、たしかに絶景！

風のシャワーに、パワーをもらった。

……と、のんびり過ごしていたら、もう4時。ここまでの片道だけで30分かかったから、元の道に戻って、さらに今日予定していた「海への道」を往復したら、もう、真っ暗だよね……今日はムリ……じゃない？

・欧米のおじさんって、「オレ、尻に敷かれてんの」的アピールをする人が多いかも。なんか、かわいーなあ。同じ年代のおじさん同士だと、もっと頻繁に目を合わせて、訴えたり同情したり、やってそう……ショッピングモールとかで(_)

・海への道（チェーン・オブ・クレーターズ・ロード）は、片道29km、パンフには「往復3時間はみてください」とある。

さあ、ヒロへ向かおう！

というわけで、今日はもう諦めてヒロへ向かい、予約した宿へ。続きは明日、もう一度来ることにする。

ここからヒロへは、はじめての道。木が多くなり、電柱も増え……久々に信号が現れた。

信号がいっぱい！
横断歩道だ〜！

うわーっセブンイレブンがあるー!!
それも光ってる！

二車線だー！
中央分離帯もあるー!!

車内で、大騒ぎ。

交通量も多くなり、両側には、溶岩でも木でもなく、工場や倉庫らしき建物が並び、ショッピングモールがきらめいている。カイルア・コナとはまた違う、人々の生活を感じる賑やかさ。

夜7時頃、予約していた宿に到着。車を停め、外に出ると、え!?……あの鳴き声が……。

ポピッ

それも、先日のように1羽ではなく、大合唱で…

ポピッ
ポピポピッ
ポピッ
ポピッ
ポピポピッ
まーじか
ポピッ
ポピッ
ポピッ
ポピッ
ポピッ
ポピッ

ポピ鳥の大群が住まう宿……？

わーっ！
エコーかかってない？宿が鳴き声に包まれてる…

溶岩流の情報ゲット

火山公園を出る前にビジターセンターに寄ったら、「パホアの町に、見学出来るエリアがある」という情報が！

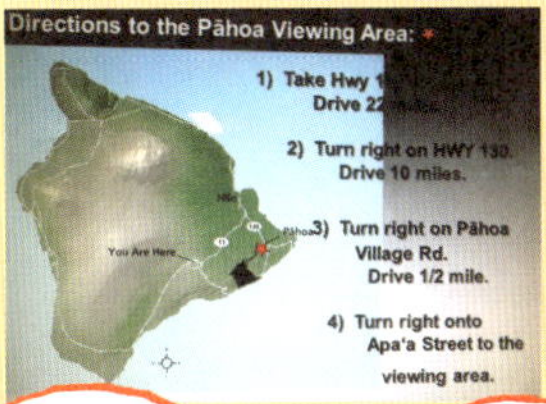
Directions to the Pāhoa Viewing Area:
2) Turn right on HWY 130. Drive 10 miles.
3) Turn right on Pāhoa Village Rd. Drive 1/2 mile.
4) Turn right onto Apa'a Street to the viewing area.
You Are Here

←丁寧に、行き方までかいてある。

えっ、あのパホア＊に行けるの？
い、行きたい…どーしよ、明日？あさって？

・日本を出る前に「パホアの町に溶岩が流れ、家が飲み込まれた」という情報をきいたばかりだったので、そんな現場を見学出来るなんて思ってもみなかった。無謀＆不謹慎なことはしたくないけど、公式に行っていいというのなら、行ってみたい。

・宿は、ダウンタウンから、川を渡ったところに位置する、ワイルド・ジンジャー・イン。

次の日 ヒロの安宿

翌朝、寒さと外の騒がしさで目が覚めたら、
窓が開きっぱなしだった……
閉めようと思ったが閉まらない。
この宿、傾いているのか…？
そういえば部屋の中を歩く時、
フラフラする気がした……

朝食後、ホテルの敷地内を
散策してみる。広い庭があり、
そこに櫓《やぐら》のような展望台、
キャンプエリアにテント、
野外キッチン（ボロい）、
フィットネス（超ボロい）など
不思議な施設がいっぱい。

……と、一見ワイルドな
安宿だけど、よく見ると
掃除が行き届いている。
そして、門限があったり、
あちこちにやたら
注意書きが多いのも、
きちんとしているから
なのかも……

この、お節介で口うるさい
貼り紙だらけの宿……
きらいじゃないかも～

■注文の多い宿？■

宿の共有スペースあちこちに貼られていた「注意書き」。
「ここで〇〇しないでください」
「〇〇は何時まで」「このトイレは…」
「泊まり客以外は…」「廊下では…」
「このキッチンは…」などなど。
始めは神経質なのかと思ったけど、
よく見ると、これって宿のためではなく、
他の客の迷惑にならないための注意で、
あたりまえなことが かかれている。

ATTENTION
CHAIRS ARE FOR DINING AREA ONLY. DO NOT MOVE THEM OUT OF THE DINING AREA
NO SMOKING
NO ROLLING CIGARETTES
QUIET TIME FROM 9…
MAHALO

椅子の持ち出し禁止、喫煙禁止、→
夜9時から朝9時までお静かに。

■部屋の印象■

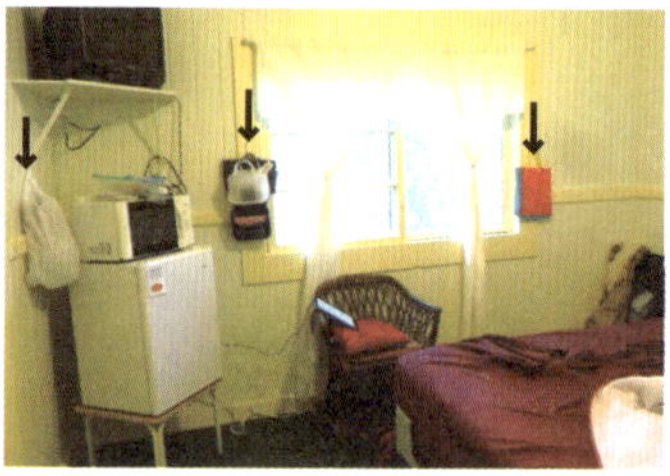

吊るしまくり～

安いのにTV、冷蔵庫、電子レンジが付いてる。
ただ、狭くてモノを置く場所がないのが不便で、
持っているS字フックを総動員して、吊るしまくる。

ちなみに「（内側の）ドアノブにモノを吊るさないで！
（外側から）開けられません！」という注意書きが
あった。客は 荷物を置くところがなくて、どこかに
吊るさざるを得ないのに、怒られちゃうって話。

悪いけど
その
「攻防」を
想像すると
笑っちゃう…

ぷ

宿の方…
棚か、
掛けるとこ
を作って
あげたら
どうかな…

■個性的な設備■

展望台。海を眺める
たのしいスペース。

テント↓
←テント

テントやドミトリーもたのしそう？

半分キャンプ気分な共同キッチン。

ビュッフェスタイルの
朝食付き。

■意外な真実■

ベッドの脇の引き出しに、説明書きと耳栓が置かれてた。「雨とカエルが
うるさいのでお使いください」。この宿のこういう親切なところ、すきだなー
……って、ん？ カエルの前にある単語「COQUI」って もしかして……

コキ…？
それって
もしかして
ポピのこと
？

え？
あれって
鳥
じゃ
なくて
カエル
だったのぉ!?

えーっ

EAR PLUGS
PROVIDED
TO HELP WITH THE COQUI
FROGS AND THE RAIN

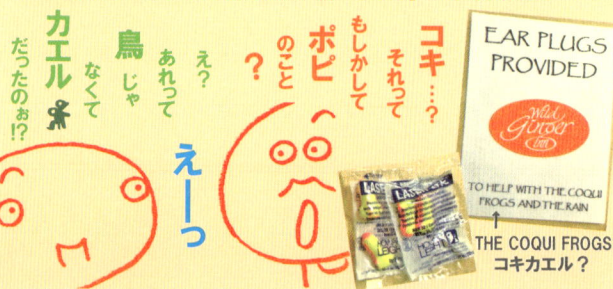

↑
THE COQUI FROGS
コキカエル？

・この宿、かつては、プランテーション労働者向けの住宅だったそうだ。（ウィークリーマンション的な？）そういわれてみれば、マナゴは古くてもホテルっぽかったのに対し、ここはどこか、アパートっぽい雰囲気がある。（1930年代にホテルになったそう）

・フィットネスが超ボロいのは、屋外（中庭に野ざらし）だったからでしょう……マシンが全部、さびさびだった。

ダウンタウンに繰り出そう

歩いて、ヒロのダウンタウンへ。
第一印象は……人が少ない。
古びた感は、
ここの「味」だとしても、
もう少し、
地元の人や観光客が
歩いているのかと思った。
というわけで、
静かなヒロの建物づたいに
お散歩です。

建物が低いから、空が広いね！

THE
LOCAVORE
STORE

ダウンタウンの前は、すぐ海。

建物の造りに味があるね
看板も凝っててかわいい♡

歩道に屋根があってありがたいなー
よかったね

空き地や空き家も多い？

人が歩いてないと、ここまでさみしいのか

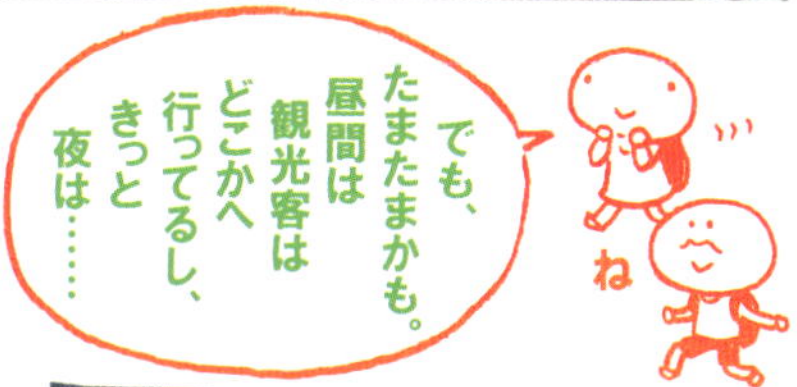
でも、たまたまかも。昼間は観光客はどこかへ行ってるし、きっと夜は……
ね

OLD
AMERICAN BAKERY
BUILDING

・もちろん、まったく人がいなかったわけではありません。87頁もごらんください。

溶岩を引き裂いて走る！

3度目のキラウエア。
今日は、このヒロから南下して向かう。
チェーン・オブ・クレーターズ・ロードという、
海までの29キロの道。
溶岩が流れていった斜面に
道路がつくられているので、
走っていると、まるで自分も
溶岩になったかのような。

車
道

溶岩帯を分断するように道路があるので……
ここに立つと、溶岩の目線、溶岩流のキモチになれる気がする。
流れてた当時を、しばし想像してみる。

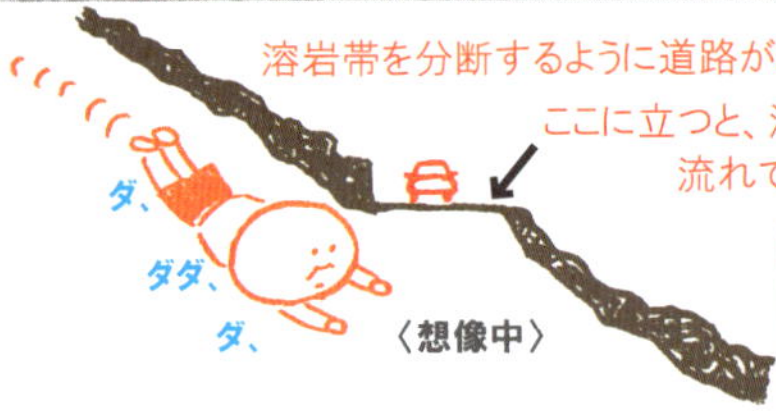
ダ、
ダダ、
ダ、
〈想像中〉

溶岩の断面を横目に見ながら走る。

途中何度も車を停め、
溶岩のいろいろな
質感を堪能する。

道
流れていった様子がよくわかる。

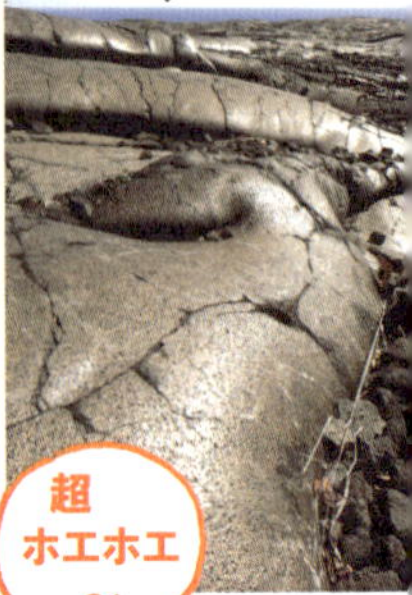
海
表面が黄金色に輝いている溶岩。

なんでこんなに
色が違うんだろう
色も重さもいろいろ。

煮え立ってゆっくり流れてた
当時そのままのような表面。

きっと、脂ぎって、
超なめらかだったんだね。

超
ホエホエ
〜
ぺた
ぺた

ワイヤーロープか
ドレッドヘアのように、
ねじれて固まっているものも。

かっ
軽い！

89頁の写真も
見てね

溶岩流の終着地点は、断崖絶壁でした。

どんどん下っていくと、海が見えてきました。

・本来この道は「カラパナ」や「パホア」の町までつながっていたという。今は溶岩流で道がふさがれたため、行き止まり。
・途中、クレーター跡や展望台など何カ所も立ち寄ったので、片道3時間くらいかかってしまった。（帰りは40分）
・溶岩は、質や形状が場所ごとに違うので、飽きることがない。…コーフンのあまり、写真は、この100倍以上撮ってます。

おあずけパホアと、夜のダウンタウン

火山公園をあとにして、昨日 情報を得た、パホアの溶岩見学エリアに向かった。

到着すると、入口に、軍人らしき人が立っていて、4時半で終わりとのこと。今もう6時。 残念。

……でも、あやふやな情報だったのが、たしかに ここで「公開してる」ってことだけでも、わかってよかった。

明日は10時に開くそうだ。

「じゃあ明日また来るか……」

それにしても、毎日ちょっとずつやり残しちゃうなあ…キラウエア関連……


この後、たまには外食をしようと思い立つ。

せっかくヒロという大きな町にいるのだから。

夜のダウンタウン♡………は、暗かった。

相変わらず、歩いている人は少ない。

しかし、レストランには思ったよりは観光客が入っていた。

欧米人がすきそうな音楽ガンガンのバーや、ハワイ島っぽくない高級そうなレストラン…


その中で、素朴なかんじのお店を見つけ…↓

帰りにはスーパーで、「ポイ*」を見つけて買って帰った。

ポイは、タロイモで作られるハワイの伝統食。

ハワイ島にいるあいだに、一度は食べなくちゃと思っていたから。

OPEN
Coca-Cola

大きいガラス張りの食堂に、入ってみました。

そういえばこの店、ガイドブックに載ってた気がする

ROAD CLOSED

ムラカミさん……顔も名前もまるっきり日本人なのに、日本語ゼロで不思議なかんじ。

■ポイ GET ♡■

あ、このポイ安いよ、$1.67 だって♡
おぉ！

いつも＄7〜8で売られていたので、＄2以下なんて！さすが地元民の町、ヒロだね！

マナゴ食堂以来の外食だね！
せっかくだから自炊では食べられない揚げ物を食べよー♡
menu

せっかく走った 130 号線から、11号へ戻り、ヒロへ。

＊ポイ……タロイモを蒸して、水を加えながらつぶして、ペースト状にしたもの。

・「＄8もしたのに食べられない味」だったら悲しすぎる…と、ずっと買うのを躊躇していたから、うれし〜！

ポイって、どんな味？

夕食を食べたにもかかわらず、
帰ってすぐに、ポイの試食大会をする。
まずはそのまま食べてみる。
……ムム……ちょっと苦手かも……？
においも味も、うっすらと酸っぱい。
タロイモを、ねろねろ煉《ね》った、
グレーっぽい紫の、発酵食品……うぅ。
持ってきた調味料を合わせてみるが、
どれもムムムな味のまま。
ネットで調べてみると、なんと、
「ポキ」＊と合わせるとおいしいという。
ポキって生魚の和え物だよね？
それと混ぜるって、
どういうこと〜？　ほんとに〜？

■じつは安くなかった…■

あれっ
なんでっ？
8ドル
超えてるよ!?
サーッ

レジを通った後レシートを見ると、
ポイは $8.39 になっていた。
慌てて売り場を見に行くと、
表示と品物がずれていて、
安かったのは隣の商品。
そのメーカー名が「タロ」と
いうので、ポイのことかと
思ってしまった…

きな粉

試してみたのは、塩、醤油、砂糖、
そして、きな粉＆砂糖。
どれも合わない気がした……

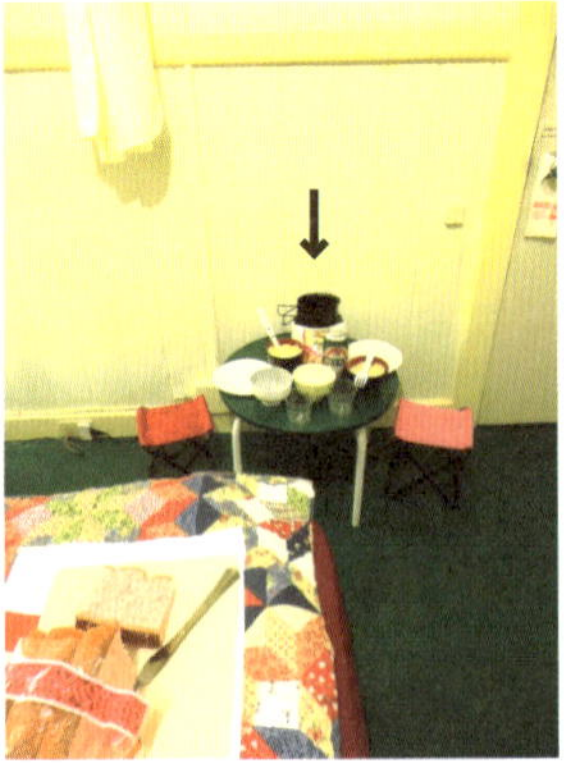

また戻ってしまいました……
……おままごとのような食卓に。

おいしければ、
この見ためも、値段も、
気にならないんだけど……

TARO BRAND
POI

高かったポイを、どーにかおいしく食べよう研究室
なんとかおいしくするぞ!!
塩か？
醤油とわさびはどうだ？
……もう、明日ポキ買ってくるか……
砂糖なのか？
この酸っぱさ、よく言えばヨーグルトっぽくもあるね…
パン
クラッカー
チップス
クッキー

ベッドの上は、食材の山。

・「ポイ」は、タロイモの生産量が減ったことにより近年、貴重なものとなり、値段も高騰しているのだそうだ。
・新鮮なポイは甘く、時間が経つと発酵して酸っぱくなるらしい。
＊ポキ……生の魚介類（マグロ、タコ、貝、エビ…）を、調味料（ごま油、醤油、塩…）や海藻などと和えた（漬けた）もの。現地語では「ポケ」が正しいみたい。

次の日 パホア……溶岩に飲まれた場所

朝6時、賑やかなコキカエルの声で目覚める。
今日はまず、パホア再訪から。
行けるという情報はあったものの、
いったいどんな状況を見ることが
出来るのかは、まったくわからない。
目的地に近づくと、
ほのかに焦げ臭いにおいがした。
すでにたくさんの車が停まっている。
車を降りるとすぐに、
不思議な状態の電柱が目に入る。
先に進むと、その理由がわかった。
何本か先の電柱と道が、
溶岩に飲み込まれている。
道の左手には、溶岩に飲み込まれた民家と、
奇跡的に残ったガレージ。
右手には、溶岩の流れがギリギリで
止まって助かった、ゴミの集積所があった。
これらの溶岩は、ほんの2か月ほど前まで
どろどろと赤く流れていたものだ。
現地には、警備する人や
ボランティアなのかガイドをしている人もいて、
このような場所に人を配置し、
一般に開放しているなんて……
すごい国だなあと思った。

道の先は行き止まり

溶岩
あっ道の先に溶岩っ！

拡↓大

奥の電柱
道が完全にふさがってる！

電柱を溶岩から守るための対策。奥の電柱は すでに飲み込まれているが、このおかげで、ちゃんと立っている。

こうして「対策」はするけど、流れを「止める」とか「方向を変える」という選択肢は、なさそう。ペレの意思を尊重してるんだ!!
「自然の中に住まわせてもらってる」っていう、謙虚さを感じる…

飲み込まれた民家

拡↓大

数メートルの高さの溶岩が、奥の民家を押しつぶしている。（溶岩の流れはゆっくりなので、住民は事前に避難して無事です）手前には、奇跡的に残ったガレージ。

溶岩流って、思いのほか ゆっくりと迫ってくるものなんだね…

危機一髪のゴミ集積所

ゆっくりとした波のように迫ってくる溶岩…
すごいところで止まったね！

集積所の建物

集積所側から撮影。 金網

溶岩が金網を越えて下りてきた時、怖かっただろうなあ…

この草って、この2か月で育ったのかな？それとも熱さに耐えたのかな？どっちにしてもすごい生命力…

・なんと、このエリアの公開は、明日で終わりだという。なんという幸運。……しかし、この前コーヒー農園で会ったガイドさん、この辺は住民が避難してて誰もいない、とか、見学は不謹慎、とか言っていたけど、公式に見せてくれてるではないですか…

・昨夜、次の町をホノカアに決めた。ただ、予約サイトにはなかったので、直接メールをしてみたのだが、朝の時点で、まだ返事が来てない。明日から泊まりたいので、不安だ……

ヒロの海ってどんなかな？

溶岩三昧の数日だったが、
ひとまずこれで終了だ。
ヒロに戻って、
海沿いの観光をしよう。

まずは、バニヤン・ドライブ。
バニヤンとは、
枝から根っこを垂らして成長する、
見ためインパクトのある木で、
この大木が、丸くカーブする道沿いに
ぐる〜っと並んでるのが、ここ。

そこから橋でつながる島、
ココナッツ・アイランドは、
一面芝生になっていて、
ピクニックが出来そう。
でも、今日は曇っているからか、
名前のようなたのしさが
感じられない……
青い空、白い雲！
……じゃなく、
白い空、灰色の海……
海辺というより、
さびれた湖畔のような。
泳いでる人が、池に
はまっちゃった人に見える……

ココナッツ・アイランド

白い空、灰色の海、
黒いヤシの木……

かろうじて色みが
あるのは、芝生だけ。

←ヒト

周辺の「海」は、植物のかんじも手伝って、
どうも日本の庭園の「池」みたいに見えて……

バニヤン・ドライブ

1本で充分シンボルツリーに
なるほどの大木が、
街路樹みたいに並んでいる迫力。

↑車

←ヒト

↑中に入れます。

神秘的な木だよ。
中は、幹と根っこで
空間が出来てて、
迷路みたいで
たのしかったよっ
なんかわかんない
けど、この木、コワイ。
中に入るなんて
ムリ〜

SUISANというお店で、ポキを購入。
ここは1907年に日系人が創業したそうだ。
たくさんのお客が来ていて、大人気みたい。

マグロのポキには、
マヨネーズ、ふりかけ、
蜂蜜など、いろんな
味付けがあったが、
無難に、
醤油味とごま油味の、
2種類をチョイス。

・SUISANも、マナゴ・ホテル同様、現在の従業員に日本語を話せる人は いないようだった。でも店員さんは、とても
かんじがよく、迷っていても急かさずに待っていてくれて、それどころか、たくさん味見をさせてくれた。

・ヒロは、過去に何度も、津波の被害に遭っている町。海辺に建物がなく、こうして公園が多いのも、その教訓なのだろうか。

忙しいお買い物、そしてナッツ割り器

買ったポキを宿の冷蔵庫に置き、
急いでダウンタウンへ買い物に出かける。
まだ3時だが、5時や6時に閉まっちゃう店が
多いので（4時半閉店って店も！）時間がない〜!!
まずは、目星をつけていた
貝殻アクセ屋さん。
卸のお店なのか、
種類豊富で安め。
おかげでたのしくお買い物。

店内なのに、竹風鈴が揺れて、カンココンといい音がしている。

次に、高級食材スーパーがあったので、のぞいてみる。
そこで、なんと……!!
やっと「ナッツ割り器」と出会った！
18ドル……高いな……数分 悩んだ後、
「買うぞ！（生ナッツ食べるぞ！）」と、
勇んでレジへ向かう。

キモカワイイ人面コアラ型。（オーストラリア製）

……と、
店員さんに呼び止められた。

それ、全然使えないわよ。やめといたほうがいいわ

……は、はぁ……ええっ？
そ、そうなんですか……
……教えてくれて…どうも……??

トラスト ミー

Abundant Life
NATURAL FOODS

その後、がっかりしながらも
調理道具屋さんを見つけ、
ここなら！と、心躍らせて入る。
見当たらないので尋ねると、

マカダミアナッツを割る道具だって!?

ノオォー!!

と、大声で笑われた。

そんなに高い道具、ここにあるわけないだろ あれは300ドルくらいするんだよ？ そんなの欲しいわけ？ はーっはっはっ

……はい？

?

「あるわけない」なんて事情、知らないし

そもそも道具の専門店なのに、「高いから置いてない」って意味も わかんないし

「高いから買うわけない」って決めつけるのも どーなの？

だいたいナッツ割り器は世界で その1種類しか存在しないの？

モン…
モン…
モン…
モン…

……ということは、一言も言えず、
とぼとぼと店を出たのでした。

・最初の店の店員さんの言葉は、ほんとに親切からの助言に感じた。（使えないものを取り扱っているナゾは おいといて）
次の店のおじさんは、ないものをきかれて、ごまかして大笑いしていたかんじ？ ……いずれにしても、ナッツは、おあずけ……

コキ、ポイ、ポキ

6時過ぎ、「お店」が閉まってしまうと、することがなくなってしまった。
公園に大きなバニヤンの木があったので、その下のベンチに座り、ただただぼーっと、暮れていくヒロの町を味わった。
時々ウトウト…

宿に戻る途中、
茂みから「コキ」の鳴き声が聞こえてきた。
鳥じゃなくてカエルだったその姿をひとめ見たくて、暗い茂みにライトを当てて探してみる。すると、私たちの横に車が止まり……

このバニヤン、今まで見た中で一番大きいかも？
←ヒト

どうしたの！
何か探してるの？
落とした？失くした？

心配してわざわざ止まってくれたらしい。

えっと、その…「コキッ」を見てみたくて…
アハハッ なーんだ、
ただのカエルだよ♡
じゃあねっ

さて、コキの合唱が響き渡る部屋で、晩ごはん。
今日は、ポイの試食大会、第2弾だ。
ポイ（ねろねろ発酵イモ）＋ポキ（生魚の和え物）
…の、ドキドキする組み合わせ。
半信半疑で からめて……ひとくち……
……あれ？……お、おいしい……？ どーなの？

ポキはやっぱり、
このまま食べたほうが おいしいんじゃ…
と、ギリギリまで、ためらう。

ポキ1
ポイ
ポキ2

見ためは……キビシイです。　が……

予想外においしい！　ポイ＋ポキ！
なんか、ポイが変化してない？
そう、酸っぱさが消えて、まろやかになったよ
ポイの存在が薄くなって、
でもそのポイによって
ポキが引き立って、
おいしくなってるかんじ…
……もしかして、
「寿司の酢飯」みたいなこと？
……そうなのかも!!
でももっと存在感 消してるかも……？

ぜひお試しください♡

和えたら不思議と **ポイ**の主張がなくなって、
でも明らかに **ポキ**が、新しいおいしさになった。
ポイはお米の存在に近いのかもしれないけど、
もっと不思議な化学反応があるような……
他のものも混ぜてみたい〜!!

・結局、コキの姿は、一度も見ることが出来なかった……残念。
・夜9時頃、やっと、予約したホノカアの宿から返事が来た。明日泊まるので、ダメだったらどうしようかと思っていたよ〜、ほっとした〜

次の日 ヒロのファーマーズマーケット

ヒロの町を出る前に、大きな朝市へ。
島一番の規模ということで、
とてもたのしみ。

今までに行った朝市とは
まったく雰囲気が違っていて、
野菜やフルーツであふれた、
庶民的で実用的な食材の揃った市場。

ひとりの欧米人女性が、
市場の脇の植え込みに座って
あの実らしきものを食べているのを発見。
前に試食用（?）のを食べて注意された、
黄身しぐれのような、あの実……

…す、すみません、それどこで買えますか?
すぐそこの店で売ってるよ カボチャみたいでおいしいよ

お店には、これかな?
と思う実が2種類あり、
中身がわからないので
両方買ってみる。
でも、どちらも
「食べ頃は2日後」
と言われた……

彼女が食べていたのは、大きいほうに似てる。でもあの黄身しぐれは、小さいほうに似てる。…2日後のおたのしみ。

HILO
FARMERS
MARKET

野菜野菜～

シャンツァイとインゲンを購入。

出会えた♡

カウ地区で見つけられなかったコーヒー農園が、出店していた。
オアフ島のKCCマーケットより
お安く買えました。

100% KA'U COFFEE
AIKANE PLANTATION COFFEE COMPANY

ここで会えるとは～

せっかち?

カウ・コーヒーを売っていた、
日系人らしきおじさん。
もっと買おうとしてるのに、
ハイこれね、って、さっさと袋に
入れてすぐ終わらせようとする。
他にお客もいないのに。

ほいほいっ
落ち着いて～まだ何個買うか考え中だから～

焦れば焦るほど、ビニール袋がめくれなくて、さらに焦りまくるおじさん。

・通りを挟んだエリアには、服やアクセサリーなど、雑貨のブースが多く並んでいた。……が、「MADE IN ○○の大量生産的なモノ」や、「ひと時代前のテイストの手作り雑貨」……などが多く、食指は動かず。ああ、雑貨は、キャプテン・クックの日曜マーケットで買っておけばよかったぁ……

もう一度、あの場所へ

さあ、出発だ。
……とその前に もうひとつ（ふたつ）寄りたいところが。
昨日、天気が悪かった、あの場所。
ココナッツ…&バニヤン…。

青空の今日、ココナッツ・アイランドは
まるで違う場所のようだった。
モノクロが、カラーになっている!!
休日だからか、地元の人がたくさんいて、
海水浴やバーベキューをしているのも、
その雰囲気を盛り上げている。

晴れているだけで、
「この桟橋を早く渡りたい！」という気分になる。

バニヤン・ツリーの大群も、
昨日ほど怖く感じなかったし。
……もう一度来られてよかった。

青空のチカラ？

今日は、色みがある公園！

芝生に広がって
ボールあそびをする高校生、
お誕生日パーティをしていた家族、
ギターを弾いていた男の子……
のんびり過ごしていた、地元の人々。

そして、写真だけ撮ってさっさと帰る、
余裕のない日本人……

晴れた日には、こんなに
透き通った赤になる葉っぱ。

ダウンタウンの前の
ヤシの木も、
今日はこんなに美しい。
青い空、白い雲。
青い海、緑のヤシの葉……
ヒロも今日は
とっても南の島。

なんだか最後に
名残惜しくなってしまった
ヒロ。
さよなら、またね。

・ひとつの旅のあいだに「再び同じ場所を訪ねる」っていうのは、通常なかなか出来ない。だからつい、自分が出会ったその時の印象だけで語ってしまいがちだけど、同じ場所でもその時々で、いろんな顔があるんだよね。

ちょいと走馬灯

レストランのトイレのかわいいイラスト。

■ヒロ・クオリティ■ 行き交う人の少ないヒロの町。でも出会う人々は、なかなか個性的。

帽子をかぶって海にただ浸かっているご夫妻。

こんなに太ったヨガの先生。

ナゾの看板。

犬と会話する女性。

パンダのぬいぐるみをギュッと抱きしめてお散歩するおじさん。

母は、テーブルで でろーん。
娘は、椅子で でろーん。

休日のココナッツ・アイランドにて。

夕方になると川釣りに出てくる地元の人。

セレブ風に仕上がった奥様が私たちに近付いてきて、何を言うのかと思ったら……

荷物係の旦那さん。かぶってる帽子は奥さんのお下がり？？
↓

道端で、ラジオニュースに合わせて（？）鉄琴をたたき続ける青年。

ある時は、
ケチャップチャーハン。

お弁当に、
お茶漬け海苔チャーハン。

プナルウ海岸。

石のように動かないカメさん。だから、
まばたきをしてくれただけで、うれしくなる。

ナッツ・ラブ

拾ったマカダミアナッツ大集合〜
旅のあいだに食べたかったのに、結局
最後までナッツ割り器が買えなかった…

こうなったら日本に持って帰って食べようと、
夜中に1個1個 除菌ティッシュで磨く。

たまには
愛車を
かっこよく
撮ってあげよう。

リアル・ムラマツ発見。

お店に貼ってあったステッカー。
〈自分たちハワイアンが、
いかに仕事をさぼるか〉
が、時間刻みにかいてある。

ハワイアンの自虐ネタ？

ヒロの町あちこちに、
津波の看板。

なぜか男性の
トイレにだけ、
漢字の表示。

ヤモリ・ラブ2

ホテルの庭にある
櫓《やぐら》に上がったら、
ヤモリが一斉に現れた。
まるで、姿を見せに
来てくれたって、
気がしちゃうくらいに。

コキ・ラブ

コキ…あの鳴き声が、カエルだと分かると、
そんなに うるさく感じなくなった。
なんでだ……？ 鳥だってだいすきなのに……
鳥は朝に鳴いてほしい、というキモチ？

■溶岩、ホエホエ♡■

よく見ると、いろんな色や質の、溶岩。
なんで黄色？ …なんでレンガ色？
気泡や波紋、ねじれや欠けてるの……
湧いてくるギモンと、勝手な推測。
溶岩の上であれこれ語り続けるけど、
ナゾはひとつも解決されないの。
でも、答えを知りたいというより、
あれこれ考えるのが たのしいんだよね。

マウナロア山と溶岩。

ドライブコースとしても最高。
抜け感と風の音！

山からドロドロと流れてきて…

このテカリは……油か？
ペタ ペタ
日本も火山多いけど、溶岩が流れてそのまんまな土地ってあるのかな……
なぜこんなふうにねじれるんだ？

溶岩帯を分断している道を突き進む。

…海へと注がれていったんだ…

植物も、小さな生き物も、
そして、人の生活も……
すべてを飲み込みながら
流れてきた溶岩。

この景色、
空からも見てみたかったなあ。

どんなふうに押されていったのか、
細かいシワを寄せて固まっている。

サイドからの景色は、こんな。

■裏側、いろいろ■

薄く剥がれた溶岩の裏側を見てみると、質や色の違いがよくわかる。

七色に光るもの、ピンクなの、テカテカな黄金色、ぺっとりした赤茶、
ザクザクした赤紫、石炭みたいに真っ黒なの、すごく軽いもの……

＊ペレさんのものなので、持ち帰ってはいけません

どことなく
ハワイ島
みたいなカタチ。

ヒリナ・パリ展望台より。

以前、自分たちが描いていた版画の海の色と同じ青！

ヒロの宿の洗面所…の、「鏡」の位置。

海外では だいたい高めだが、「鏡の底辺が、頭より高い」というのは はじめて。

トラック対決

交差点に立っていたら、新旧のトラックが通った。
新にはイケメンさんが、旧にはシブイおじさんが乗っていて、
車の写真を撮ったら、誇らしそうに手を振ってくれた。

Matson

それを見ていた通りすがりの人も…

いいの撮ったね！

町歩きで

味のある、「線」の模様のマンホール。

歩道の縁石は切り出した溶岩製かな。

SCOOPS!
TOSTITOS

器のカタチをしたチップス。これならディップをすくっても割れにくいし、何より水分がこぼれにくくていいね。

ヒロのカフェ

ハワイ島に来て、はじめて、
香り高いコーヒーをいただく。
とくにアイスコーヒーが絶品で、
目を閉じてじっくりと味わった。

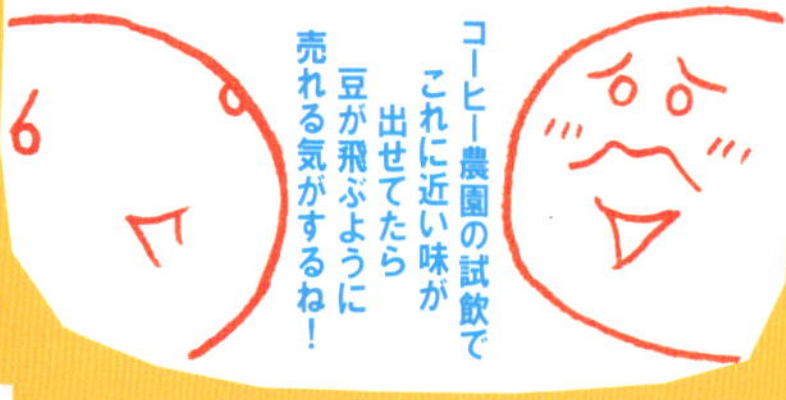
コーヒー農園の試飲でこれに近い味が出せてたら豆が飛ぶように売れる気がするね！

これがポイの原料、タロイモかぁ。この、「練る前」のほうがなじめるなあ……

ポイって作りたては甘くておいしいんだって
それが食べたい

トタンって案外かっこいいんだね

…と、途端にトタンを認め始めた。
サビていたりして、ちょっと
みすぼらしいイメージがあったけど、
それが かえって、「味」なんだと。

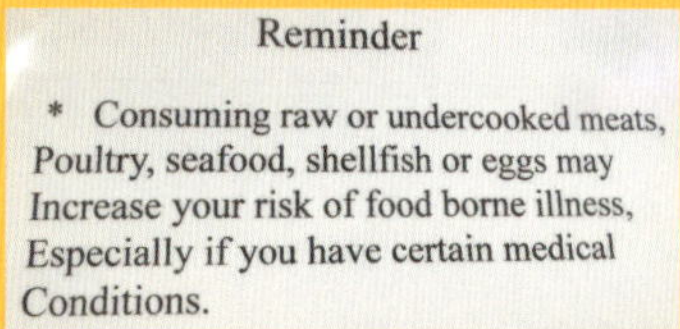

Reminder

* Consuming raw or undercooked meats, Poultry, seafood, shellfish or eggs may Increase your risk of food borne illness, Especially if you have certain medical Conditions.

レストランでよく見かけた警告。
「生焼けの肉・魚介・卵などを食べると
食中毒を引き起こす恐れがありますよ、
言いましたからね、そうなっても
あなたの責任ですよ」
的な？

第4章

ホノカア、ワイピオ渓谷、北部のドライブ

島の北東部、ハマクア・コーストを行く。
熱帯雨林と峡谷が続く、海岸線だ。
目指すホノカアの町に近くなると、
景色は徐々に、ひらけた草原に変わる。
そしてさらに、島の北端を走り、あの日 出発した地点へ……
ハワイ島一周、旅の終わりが近づいてきた。

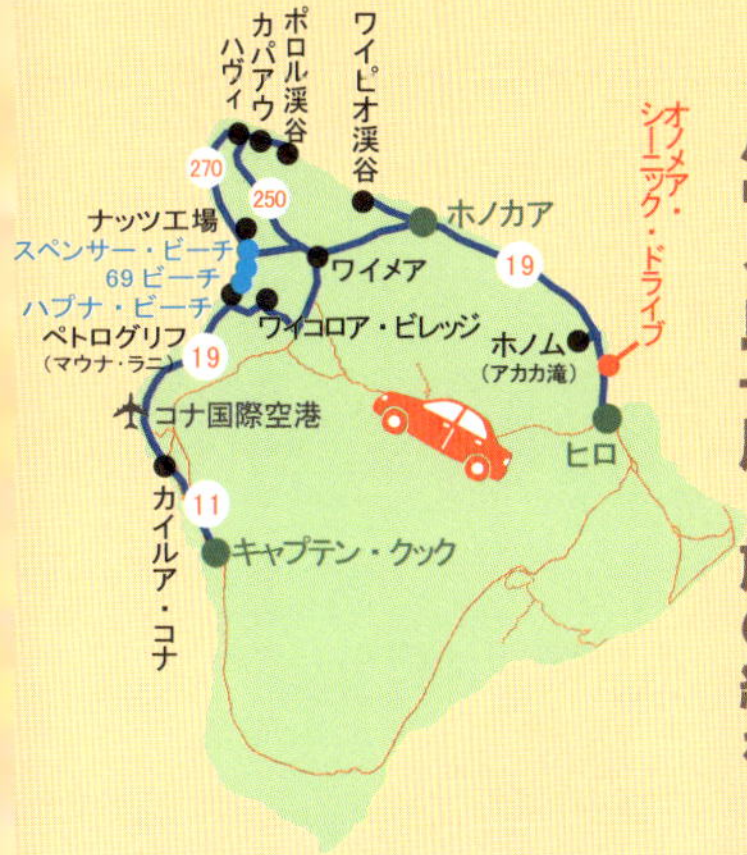

シーニック・ドライブを行く

ヒロから北上して、道は19号線に。
しかし、ほどなくその道を右にそれ、
オノメア・シーニック・ドライブ
「4マイル・シーニック・ドライブ」とも。
という道へ入ってみる。
海の見える、眺めのよい道らしい。
するとすぐに、くねくねとした
狭い道になり、うっそうとした森、
いや、ジャングル?に入った。
ところどころに小さな橋が架かり、
ちょろちょろと川が流れている。
そのジャングルから、
時々、右側がひらけ、海が望めた。
一変して、ダイナミックな
ドライブコースになった。
そして19号に戻り、今度は左折、
アカカの滝を目指す。
……が、ポツポツ降り始めた雨が、
滝に着いた時には、
どしゃ降りに。
雨のしぶきの向こうに
かすかに見えた滝を
確認出来たところで……
あっさりと諦めて引き返した。

駐車場から
ちらっと見えた滝。

ハワイ島のおなじみ、「昼間はのどか、
暗くなったら危なそう」な道。

時々くねくね道がひらけ 小さな湾が現れる。
こういう場所には「見晴らしポイント」が
設けられているが、道が狭く、カーブが
多いので、停めるのがムズカシイ。

車を降りたら蚊に刺された。気候が変わってきてるんだよね、油断した〜

植物のアーチを、
縫うように くねくね進む。

シェイクと不思議な実

途中に寄った、シェイク屋さん。(この道を通る時は寄るのが定番らしい)

ファーマーズ・フェイバリット(農場主のお気に入り)を注文。
(ブルーベリー、バナナ、パパイヤ、リンゴジュース、ココナッツミルク)
バナナが強いかと思いきや、ベリーとココナッツミルクの勝ち♡

そこの裏庭で、不思議な実を見つけた。
お店の人にきくと、名はプア ケニケニ。この実は食べられないんだって。

魅力的な実なのに
誰にも摘まれることなく、
このまま ここで しぼんでいく…

一見日本の渓流みたいだけど、
シダ植物やモンステラの
大きな葉などがあって、
やっぱり南の島だ。

わくわくするぅ

・落ちていた花を拾って、なんとなく車の中に置いていたら、車内がとってもいいにおい。なんだろうと思ったら、
この、プア ケニケニの香りだった。ジャスミンとキンモクセイのあいだのような…。後で調べると、香りがよいので、
レイなどに重宝される花だそうだ。「ケニケニ」というのは「10¢」のこと(プアは花)で、
その昔、高価という意味で付けられた名前。実が使えない分、花が使えるって、うまく出来ているなあ。

ホノムの町とバニヤン

道を戻って、ホノムの町に立ち寄る。

滝からすぐ近くなのに、不思議と この町には、まったく雨が降っていなかった。

ホノムの町……といっても、店が数軒あるだけ。（ここがメインだとしたら、なんて小さい町！）

でも、どの店も、かわいい。

（滝の見学をあっさり諦めたのは、行きに見かけたこれらの店が魅力的だったからかも）

その中の一軒、
古いガラス瓶を扱っている店に入ってみた。
オーナーが、私たちに合わせて、
日本語が かいてある小瓶を 次々見せてくれる。
「これは『Nice』って読むんだろ？」
「そうです。中身は『白髪染め』
だったみたいです」

ここには、日本人がたくさんいたんだよ
さっき日本のお寺もありましたね
そう、そこで盆ダンスを踊るんだよ
あなたも踊るんですか？
まさか！恥ずかしいよ…
なぜか照れる→

志らが赤毛染
ナイス

ISHIGO'S
SINCE 1910
Mr. Ed's Bakery

ガラス瓶の店↓
↑ジャムやパンの店

次に来た時、晴れていたら、ここでシェイプアイスを食べたいな。

お寺（だと思う）が道沿いに並んでいた。

さらに大きい!?
町の奥にあった、2本並んだバニヤンの木。
これ、ヒロで最大だと思ったのよりも、さらに大きい！

↑木の奥にあるこの建物は、大きな「道場」です。（民家だったら、もっと小さく うつるはず）
↑この建物は大きく見えますが、だいぶ手前にあるからです。

・バニヤンの木、実際に見た迫力を、どうしても写真に収められず、あっちから撮ったりこっちから撮ったり……
123 頁に載せた写真も、あわせてご覧ください。

ハマクア・コーストを北へ！

5時を過ぎてしまった。……ヤバイ。
暗くなる前にホノカアの町にたどり着きたい。
一気に北へ駆け上がろう!!

ハマクア・コースト。
しばらく、熱帯植物の切れ目ごとに、
右手には海、左の山奥には一筋の滝、
といった風景が続いた。
それから徐々にヤシの木がなくなっていき、
高くまっすぐな木が両側に壁のように並び……
それもいつのまにか終わり、
すこーんと抜ける、高原、牧場、揺れる草。
いくつもの気候を通り抜けて、
やがて、ホノカアの町が近づいてきた。

こんなかんじ。
滝
湾
海
道路

滝っ
サッ

アカカの滝を諦めた代わりに、
この道中の滝を全部見るぞ〜

滝っ
シュッ

道が、ぐにゅーっとカーブし始めたら、
それは、河口がある、つまり
「滝」になっている確率高し！

■くるくる変わる気候？■

時々海が見える道。

ヤシの木が減ってきた。
もう密林ではない。

あれ？
もう南国っ
ぽくない

恐ろしく背の高い並木……
（上の写真と一見似ていますが、高さが違います）

ここはどこなんだ（笑）

先が見渡せる
これくらいの風景が、
一番落ち着く〜

・ひたすら、ほぼ信号のない一本道だが、両側の植物で気候帯の変化に気付くのがおもしろくて、睡魔もどこへやら。

ホテル・ホノカア・クラブ

6時、ホノカア到着。
おそらくこの町でただ一軒のホテル、ホノカア・クラブへ。
ここも、日系人が建てたホテルだそうだが、
今のオーナーは中国系の女性、アンネルさん。
4泊したいと言うと、びっくりした顔をした。

えっ そんなに？

部屋はキレイで使いやすそうだったが、テーブルがなかった。

迷ったが、貸してもらえないか、きいてみることに。

まだ事務所にいたアンネルさんに、

「あのぅ、部屋にテーブルを貸してもらえないでしょうか…」

そう切り出すと、彼女は、ムズカシイ顔で考え込んだ。

沈黙に耐え切れず、

「あ、無いようでしたら、いいですっ」

「……」（アンネルさん、目をつむったまま、首を横に振る）

「あ、廊下にある花台みたいなの、あれどうでしょう…？」

「……」（アンネルさん、こちらを制す）

すると、何かを思いついたように、彼女は立ち上がった。

しばらくして、大きなキャンプ用テーブルを抱えて戻ってきた。

「たしかちょうどいいものがあったはず…」と、
考えてくれていたのだった。

部屋に設置したテーブルに大喜びしている私たちに、
彼女は真顔のまま言った。
「テーブルクロスもいるわね。お茶も飲むわよね」
そして厨房から、温かいお湯の入ったポットと
ティーカップも持ってきてくれた……

町に入るとすぐに
目に入った看板。

ベッドのあいだに
ちょうどよく収まったテーブル。

それぞれのベッドが椅子になり、
これがとっても使いやすい！
自炊に食事に、調べものに書き物に……
このおかげで、この部屋で過ごすことが
数倍たのしくなったんじゃないかと思う。

ホテルのマスコット？
入口にある三輪自動車。

悩ましい問題

アットホームな宿で
このようなサービスを受けた時、
お礼（チップ）をどうすればいいのか、
とても悩んでしまう。（要・不要、額、タイミング…）
私たちは迷った挙句、
アンネルさんにぶっちゃけてきいてみた。
すると、彼女は、目を丸くして
おどけた表情をして……

……そう言って、事務所に戻っていった。

・「サービスに対するお礼」に慣れてないから迷う上に、とくにココが「チップの国アメリカ」だと思うと、余計にムズカシイ。

次の日 自力でワイピオ渓谷へ

この近くにある名所、ワイピオ渓谷には
ツアーでしか行けないのだと思っていたら……
アンネルさんがマップをくれた…*個人で行けるのね。
宿から車で30分弱で ワイピオの見晴らし台に到着。
（ここから眺めるだけで帰る人も多い。それでも充分な絶景）
車を置き、そこから歩いて谷底へ。
（そう、四輪駆動車を持ってない人は、ここから歩きです）
その道は、危険を感じるほど、急な下り坂だった。
つまずいたらそのまま下まで転がってしまいそう。
ラクな下り方をあれこれ模索しながら…
道沿いの花やフルーツを観察しながら…
30分間、黙々と下り続ける。
時々、通りすぎる車のドライバーが、
がんばるねえ、という顔で微笑んでいく。
日射しがジリジリと暑い、痛い。
谷底まで行けば、空気が違って
涼しいらしいよ、早くたどり着きたいよ……

……しかし。

季節のせいか、たまたまなのか、
希望の谷底は、とても蒸し暑かった……

それでも、この湿度は、
うっそうと茂る植物からの恵み。
そして、高い崖に囲まれて、他から隔絶された
この谷底には、特別な空気が流れている気がした。

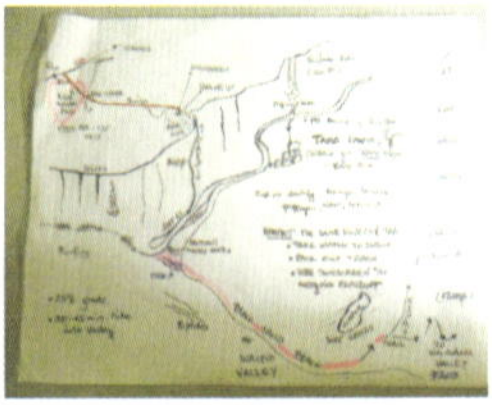

＊正確に言うと、マップの「写真を撮らせて」くれた。

下りもツライけど、帰りはこれ、登るんだよね……
すでにヒザが笑っちゃってるよ…
カク
カク
カク
カク

あ、これどう!? 重心を後ろにするとラクだよ！
これもいいよ、後ろ向き歩き！

ツライので、いろいろ工夫してみる。

あの平らな場所まで下って行くのか……
ワイピオは、昔、王族が住んでいた、神聖な地。

・通りすぎる車はすべて、四輪駆動車 か バギー。普通の乗用車では、とても上り下り出来ない坂。

谷の底で出会ったもの

アボカドやノニの実、見たことのない花、
傘になりそうな大きな葉っぱ……
植物を見ながら、しんとした道を散歩する。
時々民家はあるが、人の気配を感じない。

奥へ進むと、道が、川に沈んでいた。
だいぶ深そうなので躊躇していると、
その横を、四輪駆動車が
ゴーカイに渡っていった。
私たちも覚悟を決め、ジャブジャブと進む。

大きな葉が茂る道を抜けると、
またポツンと民家があった。
ここには住民がいて、
軽く会釈をし合う。
しかし、そこの番犬は
私たちを受け入れてはくれず
ずっと吠え続け、
谷底の静寂を打ち破った。
その家の庭、タロイモ畑で
引き返そうと振り返ると、
2本の長〜い滝が目に入った。
うわ……こんな景色を見ながら暮らしているんだ……
ここで生まれ育ったのか、どこからか移り住んできたのか……
散歩の終わり頃、幻想的な風景を見た。岸辺で馬が、草を食んでいる。
かつて王族が住んでいた土地……それを、言葉じゃなく、視覚で理解した。

タロイモ畑。（奥の崖は、今下りてきた山）

川をジャブジャブ渡っていると、その浅くて冷たい川に、胸まで浸かっている人がいた。（瞑想中？）

渓谷の警告

物騒な看板がたくさんあり、住民が観光客にいらだっているのも感じた……

ハワイアン専用駐車場。それ以外はレッカー移動。

速度を落とせ、速度を！

速度を落とせ、石が飛んでくるぞ！（投げるってこと？）

犬よりオーナーに用心しな。（ピストルのイラスト付き）

大きい芋の葉。これもタロイモなのかなあ？

滝が2本。下が見えないので、真珠のネックレスみたい。

・この日＝日曜日は、どのツアーもお休みらしい。だからあんなに静かだったんだ！（お馬さんも、お仕事お休みかな？）
・大きいイモの葉っぱは、タロイモではないらしい。

海と水たまりとミネラルウォーター

さて、海岸まで行ってみることにした。

道はぬかるんでいて、20分の道のりが、それ以上に感じた。

道幅いっぱいの水たまりを、よけながら行く。

飛び越え損ねて思いっきりはまってる人もいた。

木々のすきまから波の音がきこえ、林を抜けると海風が吹いてきた。

2つの崖に挟まれたこの砂浜、上から見るのとは、また違う趣き。

砂浜にあった倒木に腰掛けて、お弁当を食べた。

帰ろうと立ち上がった時、後ろでバーベキューをしていた欧米系の男性が、突然、ペットボトルの水をくれた。

「これからあの坂を登るんだよね、がんばって!」

きっと下って来た時、車から見てたんだ。話もしてないのに、なんて親切なんだろう。

まだ暑い中、ゆっくりと、下りてきた坂を登る。

車で追い越して行く人たちが、全員、声をかけてくれる。

「大丈夫かぃ?」「乗っていくかい?」

そして、バーベキューのその人たちさえ、私たちに追いついた。

「乗っていきなよ」

「ありがとう。でも大丈夫。最後までやってみたいから」

「そうか、じゃあもっと水をあげよう」

……乗っちゃえばよかったか? ってくらい、ヒザが笑って息が上がって……

でも、最後にはやっぱり……自力で歩いてよかった——っ!!

たっせーいかーん!

ありがとう、がんばりまーす

ハーイ、大丈夫?乗ってくかい?

ほとんど「池」だ。

道もすごいが、木もワイルド。毛細血管のような林。

コワイよ〜

両側に同じカタチの崖。右は晴れて、左は曇っていた。

「BENTO」

ビーチの長さはハワイ島イチだとか。

・海への道を教えてくれた60代くらいのご夫婦がいて、彼らも同じコースを歩いたらしい。(ここも奥さんが主導権を握ってる模様)
・お弁当は、アンネルさんオススメの「ブレインズ・ドライブイン」で調達。いろんなBENTOメニューがありました。

ワインで、オノリシャス・ナイト

帰り、スーパーで「差し入れ」を買う。

じつは今朝、アンネルさんからお誘いを受けていた。

「おいしいワインがあるから、夜、カウンターに集合ね！」

彼女は、ワインの他に、おつまみも用意してくれていた。

「ハワイ語で（おつまみのことを）ププっていうのよ」

ププって響きにおもしろさを感じた私たちの表情に
すかさず気づいて一緒に笑うアンネルさん。

ププ、と口に出す時、目がおどけてる。

なんだろう、笑いどころが似ている。

今日のププは、友人が作ったというマンゴーチャツネと、
クリームチーズ、韓国海苔、冷凍の野菜ハンバーグ。
自宅で採れたアボカドで、ディップも作ってくれた。
そのうち3人のあいだで、
それらを「組み合わせ」て味見することが流行り始める。
ハンバーグと海苔、フムスとクリームチーズ、
クラッカーとチャツネと海苔……
盛り上がってきて、アンネルさんが
引き出しから「アメリカン調味料」も出してくる。↓

ケチャップ、マスタード、マヨネーズ、ピクルス……これでさらに組み合わせは無限大に…

「おいしい」はハワイ語で「オノ」、さらに「デリシャス」との造語で
「オノリシャス」というそうだ。この夜、その言葉と、なぜか
ワインの製造者の名前「マンダビ」を、なにかと連呼し続けていた。
じつはスムーズには会話出来ていない。（私たちの英語能力が低すぎて）
でもアンネルさんのカンがいいことと、なぜか3人の波長が合って、
微妙な笑いさえも共有出来た、不思議な夜だった。
（あ、「マンダビさん」（=アルコール）のおかげも）

この組み合わせイケるよ、試して
オッケー
(じーっ)
(もぐもぐ…)
(じーっ)
オノーッ オノリシャス！
あたしもやってみるー
サンキュー〜 マンダービ

旦那さんからの電話に……
今ねぇ 日本人のお客さんと飲み会をやってるのよー あ、マンダビも一緒よー♡
マンダ〜ビ
旦那さん、絶対困ってると思う……

野菜ハンバーグ＋海苔

マンゴーチャツネ＋クリームチーズ

野菜ハンバーグ＋クリームチーズ

こちらからの差し入れ、オリーブ、クラッカー、フムス。

LINDSAY
Wheat Thins
ATHENOS
Hummus

・アンネルさんに私たちの仕事についてきかれ、日本語でも説明しにくい自分たちのスタイルを、たどたどしく伝える。「続けるってカンタンじゃないわ。すばらしいわ」と言ってくれたことで、深いところまで理解してくれたのがわかった。言葉は決して足りてなかったのに……（涙）

ホノカア・シアター

9時におひらきになり、
ちょっと夜のお散歩に出てみた。

しかし町はすでに終わっていて、
シアターも、
閉める準備をしているようだった。
外のポスターなどを見ていると、
中で作業をしていた人が出てきて、
「今ちょうど終わったところなので、
劇場の中を見てもいいですよ」
わざわざ声をかけてくれるとは、
なんて親切な……。

シアターの中は、思ったよりも大きかった。
年代のバラバラな座席が、
長年修理して使ってきたことを物語る。

このシアターは、
映画化された小説『ホノカアボーイ』*の
舞台になった場所。
実際に作者が働いていたのも、
撮影されたのも、ここだとか。

……って、じつは、
映画も原作も見ていなかったので、
アンネルさんに本を借りて（サイン本だった）
慌てて、読み始める。
――今日は半分まで読み、眠りについた。

HONOKAA
1930
PEOPLE'S THEATRE

座席は525席。

ホノカア・ピープルズ・シアター。
日系人のタニモト氏が、1930年代、4人の息子のために建てたシアターのひとつ。（かわいい兄弟の写真が飾ってありました）
1950年には、13歳の美空ひばりさんも ここで公演したそうです。

HONOKAA PEOPLES THEATRE
UNBROKEN
TUE WED THU 7PM
NIGHT AT MUSEUM
TUE WED THU 5PM
1ST FRI HANGAR 52 5PM
POETRY SLAM 8PM

予告の掲示板もレトロ。

今さらな人

あっ このホテルが出てきたっ
えっ 吉田カバンって！ そーなの！
えっ キョンキョンがっ？
えー、なになに

意外にもシアターのココにカンドー

それは、「トイレ」の間取り。
狭い空間に、2つのトイレと、
洗面台を、うまく配置してる。
待つあいだに鏡を見られるし、
自然とフォーク並びになる。

たぶん、上から見ると、こう。

・シアターは、近年、存続の危機にあったそうですが、寄付により、続けられるようになったとのこと。
＊『ホノカアボーイ』（吉田玲雄著、幻冬舎文庫）この町で映画技師として働くことになった青年と、そこに住む人たちのお話。
・アンネルさんに、「本も映画も見てないのに4泊もするなんて」と笑われた。

次の日 すばらしいドライブ！

この宿には、朝食が付いている。
（メニューは、アンネルさんの気分次第）
…と、今朝はたっぷり食べたのに、つい、マラサダがおいしいという近所のお店にも立ち寄った。

今日は、島の北部へドライブ。
目的は、どちらかというと行先ではなく、道中そのもの。
眺めのよいドライブコースだときいたので、たのしみだ。
この辺りは、パーカー牧場があった土地。
なだらかな牧草地が続き、走っていて、きもちがいい。
ただ、交通量もあるので、風景を眺めながらのんびりと走れないのが残念。
250号線に入ると、同じ牧草地ながらも、起伏激しくダイナミックに。
遠くまで見渡せる展望台があり、車を停め、ゆっくりと景色を堪能する。
海と山の眺め！ 草のにおいの風！
天気もよくて、最高のドライブ日和。

今日は、急遽作ってくれたアボカドのディップ付き。

マラサダ

ここのは四角い。味が入ってたりプレーンだったり。

揚げたてだからか、ふわっふわで（ほとんど空気!?）油っぽくもなく、おいしかったー！

ホノカア～ワイメア 19号線

左手にマウナケア山を見ながら
絵にかいたような牧草地が続く、
ほぼ まっすぐな道。だいすきな道。

建物がほとんどない。
あ、電線もないね！

ヨーロッパみたい。
さわやかな牧草地。

おうちが、ちらほら。
まるっこい山がかわいい。

ワイメア～北端 250号線

19号線と風景は似ているけど、道はくねくねと登っていき、
見晴らしがぐんぐんよくなる。別名コハラ・マウンテン・ロード。
展望台からは、3つの山と、海岸線が見えた。

黄緑色のベルベットの絨毯だー

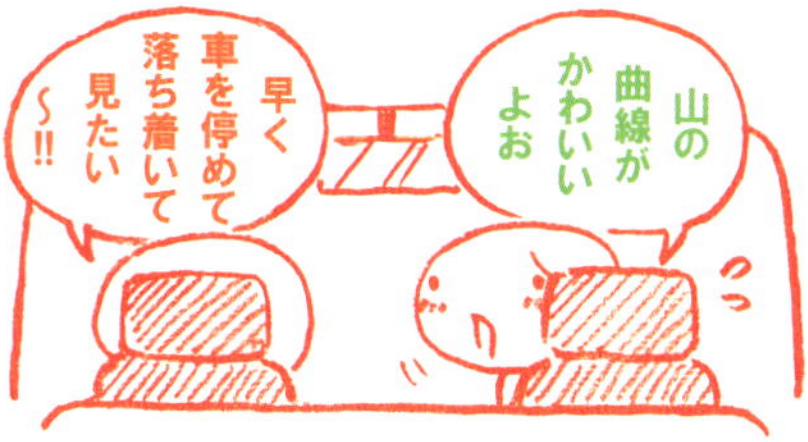

山の曲線がかわいいよお
早く車を停めて落ち着いて見たい〜!!

マウナケア山　マウナロア山　フアラライ山

コハラ、コナ方面の海を望む。

・「パニオロ・アドベンチャーズ」という看板があった。乗馬が出来るらしい。海が見える牧場で……きもちいだろうなあー
・この、北部地域にいるあいだは、"溶岩だらけのハワイ島"をすっかり忘れてた……

ポロル渓谷と北の小さな町

ポロル渓谷。そう、また渓谷。
ここは、コナ方面から来やすいからか、
昨日のワイピオの何十倍もの観光客がいた。
その近くのカパアウという小さな町は、
カメハメハ大王の生まれたところ。
像も、こちらがオリジナルだそうだ。

色の塗り方なのか、どこかハリボテっぽい。ホンモノなのに……

後ろ姿のほうが、威厳あり。

その隣のハヴィも、
同じくらいの小さな町。どちらも近年、
アーティストが移り住んでいるときき、
芸術的な空気を期待してたけど、
マダム好みのお店が多かったような。
そのハヴィにあった日系のスーパーで、
ポキとパンを買い、
バニヤンの木の下で、ランチタイム。
ん〜、心地よい風が吹く。
黄色い小鳥が私たちを見て、首をかしげた。

すてきな建物

100 年前後の歴史がある建物。
Nanbu、Sakamoto、Nakahara…など、日本名のものが多い。

黄色いスーパー
NAKAHARA
↓

↑
このバニヤンは
怖くなかった。

↑
黄色い小鳥

新聞紙↑

こんな時に限って、ピクニックセットは
遠くに停めた車の中……

ポロル渓谷

舗装されていないデコボコ道。
足場が悪いし暑いし、下りるかどうか
迷っていると、その脇を、
杖をついた老婦人、赤ちゃんや子どもを
連れた人、100 キロを超えた汗だくな人、
ギプスをはめてる人！……まで、
次々と下りていく。欧米の方々の
チャレンジ精神、すごいな……

その中に、昨日ワイピオ渓谷で出会った
あのご夫婦もいた。「あら、また会った
わね。今日は下まで行かないの？」
と、キラキラ笑う。

…昨日の疲労もあり 遠慮しときましょう。
パワーに圧倒されて、車に戻る。

・ポロル渓谷からカパアウまでの道は「蜂蜜」の匂いがした。花の香りっていうよりまさに「蜂蜜」！　養蜂場があるのかな。
・日系のスーパーでポキを買ったら、レジで、すっ…と「箸」をくれた。日本語を話さなくても日本人の心だなあ♡

ナッツ工場と、静かな海

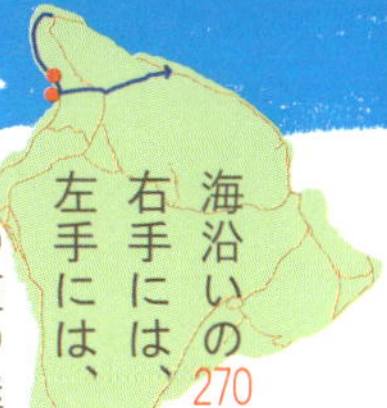

海沿いの270号線を南下する。
右手には、ずっと青い海、
左手には、低い木と茶色い岩。
この道の途中に、マカダミア
ナッツの工場＆お店があるので、
休憩がてら、寄ってみた。
試食やナッツ割りに夢中になり、
ナッツ入りのアイスを食べ、
流していたビデオでは、ナッツに
ついての「知りたかったこと」が
わかり……存分にたのしんだ。

HAMAKUA

知りたかったのは、あの硬いナッツの殻を大量に割る時、どのようにしているかということ。うろ覚えですが、大きな2つのローラーで、挟むようにして割ってました。

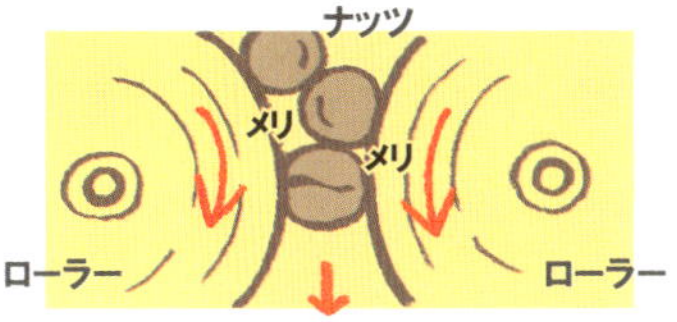
ナッツ
メリ
メリ
ローラー
ローラー

■ナッツ三昧■

……と、つい長居してしまい、
時間がなくなってしまったので、
帰りに寄れるビーチはひとつだけ。
そして急いで宿へ戻ることにした。

試食コーナー。
一番人気はわさび味。
すぐなくなっちゃう。

塩、ペッパー、オニオン、キャラメル、マスタード、バター、サワークリーム…
こんなにいろんな味があるんだー

例のテコ式のナッツ割り器
があったので、飽きるまで
（出来るまで）割ってた。

あちこちに飛び散って、ひとつもまともに割れない。→
なんでそんなにヘタ？

270 号線、右手の風景。

同、左手。

■スペンサー・ビーチ■

アンネルさんオススメの穴場ビーチ。
時間帯も手伝ってか、
しみじみと風情があった。

おー、久しぶりに溶岩を見たね
そーいえば忘れてたね

この時間の海も、いいもんだね…

浜の端には、波に洗われた黒い溶岩。

砂は、ワイキキ・ビーチと似てる。

さ、早く宿に戻らないと！

・ナッツは、いろんな味付けがあったけど、やっぱり、生（割りたて）が一番おいしいなぁ。（さんざん試食しといて）
・ビーチに行く前に、同じ敷地内のプウコホラ・ヘイアウ（鯨の丘の聖所）に行ったが、「5時でクローズ」で見学出来ず…残念。……なんだかいつも、何かでロスって何かが出来ず……

ズンバへ急げ！

急いでいたのは、
じつは今日もアンネルさんに誘われていたから。
「今日の夜、ズンバがあるから、
6時に帰ってきなさい。
その後、ビールを飲みましょう！」
ズンバってなんだ？
……と思いつつも、帰路を急ぐ。

うわわ、すっごいよ、空の色！

こんな時に限って、
この旅一番の夕焼けだ。
ゆっくり見たいけど、
バックミラーでガマンする。

30分遅れて、宿に戻り、
急いでホールに
行ってみると、
十数人の女性たちが、
陽気な音楽に合わせて
踊っていた。
私たちも、そのまま
休む間もなく参加………

終わった後、
ヘロヘロになって、
そのままベッドに倒れ込む。
すみません、ビール・ナイトは延期でお願いします……

わっ
すごい色！

空一面、蛍光のピンク＆オレンジの雲。

マウナケア山も赤く染まってた……

ズンバ…
なにこれ なにこれ… きっつぅ…
激しすぎるっ アンネルさん いないし…
ハァ ハァ
ハァ ハァ ハァ ハァ

ズンバは ラテン系音楽にのせたフィットネス
……だそうだ。このホテルの広間を、
お教室に提供しているらしい。

レッスン終了後…………

すんまへん、今日ムリみたいです…
とくに相方が…
あら～大丈夫？
→排水口に吸い込まれてくみたいに、ひゅるひゅると部屋へ消えてった。

1時間くらい寝たら
復活したので、
夜食を作って
食べました……

ズズズ
アンネルさん ごめんね…
ズズズ

↓粉コーヒーでカフェオレ

↓インスタントラーメン

シャンツァイのせ♡

・19号線をスピード出し気味で走ってたら 対向車がパッシング。その先でスピード違反の取締りをやってた！教えてもらって助かった一
・参加している人に日系の方が多く、話しかけてくれた（英語で）。「また次も参加してね」「日本に旅行に行ったのよ。美しいわよねえ」「倉敷がすばらしかったわ」「どこもクリーンだったわ」「ソコガシリタイって番組おもしろいわよねー」……日系の方が、日本に あこがれのようなキモチを持っている様子が新鮮でした。

次の日 洗濯と町ぐるぐるとロコモコな朝

洗濯物がたまってきたので、
朝からコインランドリーへ。
待ち時間がもったいないので、
洗濯しているあいだに、車で
「町の周辺」をぐるぐるする。

そして戻ってきて乾燥機に移し、
今度は「海のほう」へ
下りてみることにした。
大通りを曲がると、
なだらかに海へ続く道があった。
家はどれも装飾などが個性的で、
たのしく暮らしてる様子が
伝わってくる。うらやましい。

道の終わりには、
使われていない大きな建物があった。
かつての製糖工場だろうか。
鉄骨のサビが、
時代が変わったことを語っていた。

コインランドリーに戻り、
そのすぐそばにあるお店で、
ランチにロコモコを食べる。
洗濯して、周辺をドライブして、ロコモコ食べて。
ああ、こんなのんびりとした過ごし方、
1週間くらいしてみたいなあ。

今日のアンネルさんの気分。

バナナが多めでした♡

海のほう

いいなあ、海がこんなふうに見える生活。
自転車で、風を切って下りて行きたい！

コインランドリー

ピカピカでパワフル。
安心してお任せ出来る。

乾燥機は、クォーター硬貨1枚で3分稼働する。（25¢）

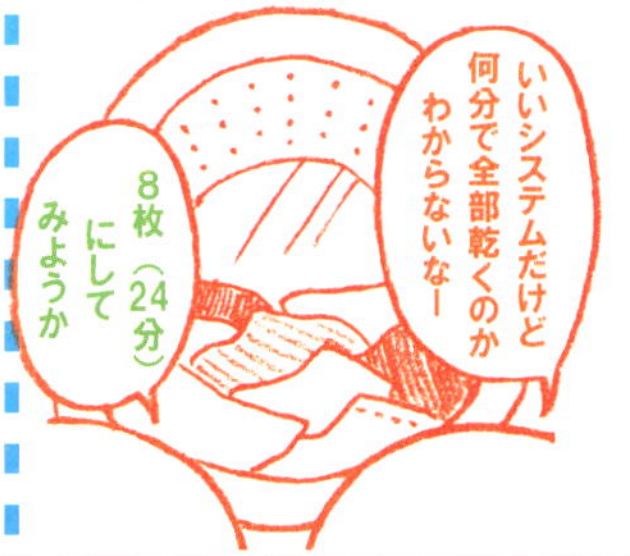

いいシステムだけど 何分で全部乾くのか わからないなー
8枚（24分）にしてみようか

あれ？さっきテラスにいた人が、まだいる…同じところで同じポーズで何して……って、えぇっ？

……かかし的な？

使われていない建物。さびてはいるけど、
そんなに古いものではないと思う。

昨日マラサダがおいしかった店で、
今日はロコモコを。

ソースの味が薄く、肉の味は、
コンビーフ。そーいうもの？

……あ、行き止まり。

・乾ききらなかった洗濯物は、車の後部座席に広げておいたら……日射しで、あっというまに乾いた。
・ロコモコのお店の名はテックス、老舗のドライブイン。後で知ったが、カレーシチューとポークチョップがおいしいらしい。残念。

対照的な2つのビーチ

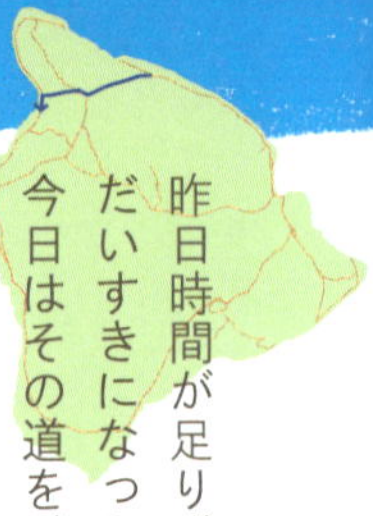

昨日時間が足りず行けなかった2つのビーチへ。
だいすきになった、ワイメアまでの19号線の道、
今日はその道を、ひたすら海まで走り続ける。
最初に訪れたのはワイアレア（通称69）ビーチ。
横たわる白い大木と、黒い溶岩、荒い波…
自然そのままのかんじが、ハワイ島らしい。
人の数もほどほどで、さびしくもなく、
騒がしくもなく。
一方のハプナ・ビーチは、
ザ・海水浴場！
延々続く砂浜、家族連れ、
海に入って はしゃぐ人、
キラキラ……
これはこれでステキ！

ハプナ・ビーチ

お手入れされてる白砂ビーチ。

高台から海を眺めていると、
沖のほうに、時々上がる水しぶき。
「……あっ、もしかして、鯨!?」
少し離れたところで
やはり海を見ていた人と目が合い、
（だよね?）
と、無言で会話する。

69ビーチ

海へ手を伸ばすようなくねくねしたカタチの木。
「生きてる木」と「朽ちた木（白い）」の両方が。

流木や落ち葉を、あえて片付けないビーチ。

夢中で貝殻を拾っていた紅白のご婦人。
「拾う」たのしさ、共感します……

今日は殺人的暑さなのに、木陰に
入ったら寒いくらいで、さすがハワイ。
あまりに きもちがよいので
「ちょっと寝ようかな」と横になった人が、
……打ち上げられたトドみたい。

今日も晴れ。風が強いねー

日に日に緑が濃くなってる気がする。

ポコポコ山だー。まぁるい丘の連続。

海が見えてきた！

下り坂を進むほど、
水平線が上がっていく。

・69ビーチは、黒い溶岩が海の中まで続き、松の木もあったりして、波も荒く……どこか、日本海っぽい。
・途中、プアコ・ビーチ・ドライブという道を通ってみたが、海が見えず、高級住宅ばかりだった。
・海って、お金かからなくていいね〜♡と思った矢先、ハプナ・ビーチの駐車場で、$5徴収されました。

ピンクの桜と長〜い雲

なんと、今日も
アンネルさんのお誘いを受けていた。
「今日は旦那がいるから、
　４人でラザニア・ナイトよ！」
なので、帰る途中のワイメアの町に寄り、
大きなスーパーで 差し入れの食料を選んだ。
そしてついでに、
「巻き寿司」のパックをひとつ。
これは、お花見用。
この道を通るたびに気になっていた、
濃いピンクの桜並木。
その下でちょっと
　お花見をしたくて……

ホノカアに向かって、
まっすぐな道を走る。
……と、「なんだ、あれは？」
マウナケア山の裾のほうに
なにか違和感を感じて、
ガマン出来ずに車を停めた。
山裾に、横に長〜い
ロール状の雲が、出来ていた。
ほんの一瞬だったけど、
この色、この風、この空間……
吸い込むように記憶した。

通りすがりに見かけた桜。

今日の夕焼けはこんな色。

お花見

……しかし、広げた途端に陽が陰り、
強風で、敷き物がめくれ上がる。
肌寒さに断念し、結局 車の中でお花見……

ワイメアの桜は、日系人が丹精込めて育ててきたもの。毎年ここで、お花見と日本文化を紹介するイベントが行われるという。アンネルさんやホノカアの人たちもたのしみにしていて、私たちにも一緒に行こうと誘ってくれたが、それは私たちがハワイ島を去る日の翌日だった。残念〜！（当日は いい天気になりますように！）

印象的な風景

思わず車から降りて見入った、
マウナケア山。
その手前にたなびく、
ロール状の雲。

この道も木も、
これしかないというくらい、
絵になってる風景。

・後日、コーヒー豆のパッケージに、この日見た景色とそっくりの絵があった。この現象、ここの象徴みたい。

ラザニア・ナイトで 旦那さん

旦那さんと、はじめまして。
そして、ラザニアの夜は始まった。
お2人は、ラザニアの他に、
サラダやビール、デザートのアイスまで
用意してくれていた。
こちらからは、さっきスーパーで買った、
豆腐と、さんまの蒲焼と、ビール。

私たちは、この旅のことや、
2人でしている仕事について旦那さんにも話した。
……といっても、相変わらず、
ヒアリングが苦手な私たちは、
旦那さんの話すことが、ほとんど きき取れない。
彼が、「〜だったりしてね、ワハハハ！」
と、その「ワハハハ」の部分で
一緒に笑おうと話してくれてるのは わかるのだが、
肝心のそこでポカーンとしたり、
つかめないまま、慌てて笑ってみせる私たち。
す、……すみません。

女3人の時にくらべて、ちょっぴり
ほろ苦い、ラザニア・ナイト……
それにしても、彼らのおかげで、
どんなにホノカアの夜が
豊かなものになったか……
感謝してても、しきれません。

ラザニア、おいしかった〜♡

4色アイスを、偏らないように盛ってくれた旦那さん。

豆腐は……不評。
（アンネルさんはちょっとだけ、
旦那さんは、
ひと口も…）

さんまの蒲焼は、
アンネルさんが
大ハマリ。
（でも旦那さんは、
ひと口も……）

差し入れってムズカシイね

ビミョーな空気

話題は他にも（おそらく）、
今日のメニューの説明、
今日宿に来たお客さんの話、
ハワイ島の歴史や、このホテルを建てた日系人のこと、
お2人のファミリーについて（国籍＆人種いろいろ！）
アンネルさんが兄妹と行った旅のこと、弟さん（ハワイアン歌手）のこと、
そして、庭のフルーツの話になり……

このオレンジと
このオレンジ、
うちの庭の、同じ木から
とれたんだよ！
信じられるかい!?
へ、へー、
そうなんですかー
大きさの違い？…って、そんなに珍しいのかなぁ？
この話、2回めだったので、そんな話題がすきなんだなと思い、
スーパーで見つけた巨大バナナを見せて、話を振ってみた。
巨大バナナと、小さめバナナ、
こんなに大きさが違うんですねーっ
同じバナナとは思えな…
……ふーん。
それはマウイ島の
ものかな
……ちょっと話が違ったみたい……？

ちなみに
エクアドル産でした。

・義理の息子たちはハーフで、さらにその配偶者が※※人と□□人、さらに自分の兄妹の配偶者も○○人と◇◇人で……と、一族の中に、国籍と人種が10以上？もあって、国際的！「もう、おぼえられないわ！」と、アンネルさんは、目を丸くして笑っていた。

次の日 自慢のホテルツアー

チェックアウトの朝、旦那さんによる、
「ガーデン&とっておきの お部屋」ツアーへ。
ホテルの裏手にある庭の、
いろんなフルーツの木を巡り、
最後にベリーの実をつまみぐい。
「ついいっぱい食べちゃうんだよ。
アンネルにはナイショね」

その後、2階の客室へ。

わぁ――っ

私たちが泊まっていた1階から
ひとつ上がっただけで、
窓に水平線が広がる、
開放的な部屋！
そしてその風景を強調するように、
窓には、大きな大きな
1枚ガラス。

この部屋を見せた時に驚く、
お客さんの顔を見るのが、
彼の たのしみなんだって。

他にも、料理を運ぶエレベーター跡や、
建物の造りのすばらしさを語り（おそらく）、
彼がこのホテルを作った日系人に、
敬意を表してくれているのを感じた。

ガーデンツアー
これはマンゴー、
これはパパイヤ、
これはバナナ、
これはベリー、
あ、じゃあこっちの木は何ですか？
……さ、次は部屋を見せてあげよう
……あれっ？ま、いっか…

「今日の気分」は、フルーツいっぱい、大サービスでした♡

とっておきのお部屋
ガラスあります
ガラスあります
うわーっ ガラスないのかと思った〜
そうでしょう、そうでしょう、びっくりしたでしょう

・自慢の部屋は、私たちの部屋と$20くらいしか変わらないそう。部屋を見てから決めるんだったら、ここを選んでたのにな。
・ガーデンツアーは、相変わらずギクシャクしながら……質問しても、時々反応がなかったりするので、スリル満点。

ありがとう、アンネルさん

アンネルさんとは、もうひとつ、約束があった。
「最後の日、あなたたちを連れて行きたいところがあるから、あけておいてね」

連れて行ってくれたのは、
町のコミュニティセンターのようなところで、
20～30人くらいの方が、お裁縫をしていた。
先生のいるお教室かと思いきや、
編み物、ミシン、刺しゅう、工作、お絵かき……
全員が「自分のすきなこと」をしている。

でも、隣同士で
「これ どうかしら?」「それ どうやるの?」
「あらそれ、いいわねぇ～」と、
教え合ったり、一緒に考えたり、感心し合ったり。
かと思えば、話もせず、黙々と作業する人もいる。
なんだか とっても 自由でいいな。
作っているものも、ハワイアンキルトは1人か2人で、
あとは、どこ風なのかもわからない、自分スタイル。

アンネルさんは、私たちが
モノ作りがすきだということを知って、
ここに連れて来てくれたのだ。

アンネルさんとは、ここでお別れ。
ぎこちないハグをして……
たくさん言いたかったのに、
「ありがとう」しかコトバにならなかった。

こんな自由な集まり、ステキだね
お互い刺激にもなるしね

↑決まったモノを作る「お教室」が苦手です。

また来るのよ！待ってるから

↑なかなか背を向けられない。

■印象に残った作品■

ブドウがすきだからバッグ

一見テイストの違う布を縫い合わせたバッグ。葉っぱ、ワイン、ぶどう棚……よく見ると「ブドウ」つながり。

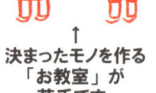

ホヌ（カメ）、ラスベガスへ行く

I LOVE ベガス♡

ラスベガス柄の布に、ハワイアン・キルト風のホヌが縫い付けてある。この作品の意図をきくと、「私ね、ラスベガスが だいすきなの！だから、ホヌが ラスベガスに行っているところを作ったのよー」

早速感化された人↓
それか、「トマトがすきだからバッグ」
じゃあ、「パンダがすきだからバッグ」

ウサギの毛糸

この毛糸でいろいろな商品を考えてるの

自分で飼っているウサギの毛から作った毛糸。触らせてもらったが、羽毛を上回るふわふわ感！！！

・ハワイ島とラスベガス……アメリカの、真逆のような町だけど、この島の人はラスベガスがすきで、ご近所同士で、よくツアーを組んで行っているらしい。以前行った時に見た、「カジノのテーブルゲームで盛り上がってる団体さん」の中に、このハワイ島から来た人たちもいたんだねぇ。

やっと、ホノカアの町

お店の看板、手作りでかわいい。

チェックアウトしたものの……
じつはホノカアの町のメイン通りを
ほとんど散策出来ていなかった。
ずっと、近郊のドライブ、渓谷、
ビーチ、夜は○○ナイト…

日帰りの観光客が多いのか、
小さい町の割に、食べ物屋さんや
こだわった雑貨屋さんが並ぶホノカア。
何軒ものアンティークショップ、
パワーストーンの店、
センスのよいネパール雑貨屋さん……

駆け足でまわったけど、
もっとゆっくり見たかった、
もっといっぱい歩きたかった、
ホノカアの町……

でも、最近、こう思う。
「思い残し」があることが、
その土地にまた来る、
原動力になるんだと。

アンティークショップ。

・シアターで映画も見たかったなぁ……って、また来ればいいんだよね!

最後の大きな移動

ホノカア
ペトログリフ
タオル返却
空港
マナゴホテル

最後に、ホノカア・シアターのカフェで、遅めのランチ。↓
ガソリンを入れ、4時過ぎにホノカアを出発。
（予定より遅くなってしまった）

今日は、次の宿への移動日だけど、その途中、寄りたい場所が2つ。
①最初に泊まった宿に、うっかり持ってきてしまったタオルを返す。
②リゾート地の中にある、ペトログリフを見学。
そして宿泊先は、ここからかなり距離のある、あのマナゴ・ホテル。
そう、マナゴが、ハワイ島での最後の宿。
出来れば最後は、空港の近くに泊まりたかったが、
他によいところが見つからなかったのと、
そこに、置き忘れた「ジャケット」を
取りに行かなければならなかったので……

ワイメアの町の交差点を左に曲がり、190号線へ。
その道の、スコーンと抜ける広大な景色に、
2人同時に叫んだ。

「……こんな道……（他に）ないよっ！」

ほんとに、同時すぎて笑った。
ハワイ島を走っていて
ずっと感じていたことが、
この道であらためて噴き出した、
そんな瞬間だった。

まっすぐな道……そして空が大きい！

ひとつひとつが丁寧で、軽食とは思えない仕上がり。

右のベーグルサンド、この旅の外食第1位！
のおいしさ♡（って、ほとんど外食してないけど）

やがて、一面 溶岩の、なつかしい景色に変わってきた。
また同時に叫ぶ。「おー、久しぶりぃ～」

■やはりそうですか…■

20日くらい振りにお会いする
宿のオーナーさんに……

わー、焼けましたねー！
えっ
や、やっぱり…？
運転焼ケ

多少自覚はしてたものの、
人に言われてはじめて、現実が突き刺さる。

・ホノカアを出てから思い出した。アンティークの店で見つけたすてきなアロハ…後で買おうと思ってたのに…すっかり忘れたー!!

不思議な森と、私たち

マウナ・ラニ・リゾートの中にある、ペトログリフ。

ここは、世界3大パワースポットのひとつだとか。

この場所では「誰にでも古代ハワイ語のささやきがきこえてくる」と、ある本にかいてあった。

溶岩洞窟で「よく見えるらしいオーラ」が見えなかった私たちでも、ここでなら！

……と、わくわくしていたが………

きこえるのは、枯れ木がキュウキュウときしむ音だけだった………


って、それより……　ここ、どこ!?

来た道もケモノ道のようなわかりにくい道だったが、帰り、完全に道を見失ってしまった。

ただ荒れた森の真ん中に、ぽつんといる状態。

だんだん暗くなってきた。

ヤバイ、早くここから出なくては……

またもやリゾート地内で遭難か？…やだ……

戻る道を探し続けるのはキケンと判断し、先のほうに少し見えるゴルフ場を目指す……なんてことをやってるうちに、辺りは真っ暗。

――結局また、避けたかった「真っ暗闇の19号線」を走り、マナゴ・ホテルへ、車を飛ばすことになる。

あっちか!?
わかんなーい
リゾート地が「自然」すぎるよ〜

ペトログリフのある場所へは、こんなワイルドな道を15分ほど歩く。

この道で合ってるのかな〜？
真っ黒な木、怖すぎ。山火事の後みたい…
この木、なんでこんなにくねくねなの〜？

不思議体験は出来なかった凡人な私たちですが、それでも充分、ただならぬものを感じる場所。

この時はまだ明るかった……

太陽が沈んだ方角を頼りに、ゴルフ場を延々歩き、なんとかリゾート内の車道へ出た。この道もまた真っ暗で、方向がわからず、カンでやっと駐車場にたどり着く……

■もう ひと波乱■

マナゴ・ホテルのチェックインは夜8時まで。
着いたのは 8時 10分。ヤバイ〜！＊

車停めて後で行くっ よろしく！
とりあえずフロント行ってくる！

→道にあるペトログリフは、石で囲って守られている。

この溶岩の上に、ペトログリフが刻まれている。

＊マナゴ・ホテルのフロントは8時に閉まるらしい。だからとても焦っていた。……と、この時は、すっごく夜中に申し訳ないと思ってたけど、よく考えたら、8時って…早すぎません…？　とはいえ、10分遅れてすみません。（無事受け付けてもらえました）

次の日　島を一周した実感

朝、マナゴ・ホテルのラナイ（ベランダ）に出ると、
虹が出ていた。
そして、なつかしい庭を見下ろすと、
あ、あのニワトリの親子だ！
……って、あれ？
ヒヨコが大きくなってる〜
カイルア・コナへ向かう
アリイ・ドライブも、
前回より、花が増えて、
どこか華やかになっていた。
季節が、進んでる。
私たちが、この島で、
たしかに3週間過ごしたってこと。
一周してきたんだな、と、あらためて思う。

おかえりって言われてるみたいだね
戻ってきたよー

「右半分」も見たくて、
急いで外に出た。

この前は　ひとつも咲いて
なかったプルメリアが…

ピンクの。
白いのと、

あ、これはツツジかと思ったらブーゲンビリア？

変わった、コナの印象①

あれ？華やか!?

今日は快晴！　だからなのか、
それとも島をまわってきた後だから？
……最初に訪れた時よりも、
コナの町が、華やかに見える！

トロリーも走ってた。

この道での渋滞は大歓迎！
ゆっくり景色が見られるから。

青い空に残念な「電線」…には 音符をのせて。

生きてるってスバラシイ

アリイ・ドライブで見かけた
高齢のご夫婦。
車椅子に乗ったご婦人が、
セクシーなビキニ姿でした。

「たのしむ心に、限界を つくらなくていいんだ」
って、教えてくれる。

そしてあのジャケット

フロントに取りに行こうと思ったら、
スタッフが部屋までわざわざ届けてくれました。

これね
ありがとうございます〜

これとともに、今
パハラに行って、星の観察をしたいよ。

・この旅以降、そのジャケットを“マナゴ”と呼ぶようになりました。「明日マナゴ着てくー」「マナゴだけじゃ寒いかなあ」

また来たよ、カイルア・コナ

久しぶりの、カイルア・コナ。
他の町にはない、
ザ・ハワイ感、
リゾートっぽさ、
そぞろ歩く人の多さ、
気候のよさ……

やっぱりこの島の
観光の中心地だな。
島を一周してきた後では、
ちょっと違って見えた。
ファーマーズマーケットで
お土産の雑貨を買い、
日系の方のコーヒー豆店に出会い、＊
人気の巻き寿司と
シェイブアイスを食べて、
海岸沿いをのんびり歩き……
とっても「観光客」として
過ごした。
そして、あのお気に入りの
芝生ビーチで昼寝。（1名）
今日は、3時半を過ぎても
青空だった。
こんな日もあるんだね。
ハワイ島で過ごす最後の日、
晴れてくれてありがとう。

マーケット

テントの奥には、
まだまだ たくさんの店がある。

小さなビーチ。晴れているからか、
この前より、さらに水がきれい。

…あ
ワンツー
ワンツー
どーも、
いらっしゃい
お取込み中
すみません
（笑）
ぷ

レジ前で体操してる、
お店のおばちゃん。
お会計のたびに中断。

変わった、コナの印象②

あれ？小さい!?

メイン通りのバニヤンの木。
最初に見た時には、
ものすごく大きく見えたのに、
「あれ？こんなもんだっけ？」
……あちこちで、超ド級クラスを、
いっぱい見てきたからかも？

ヒト→
この木に
びっくりしてたのを
なつかしく感じる……
えー！
こんなに
小さかったっけ？

ZZz
10分だけ…
何分でも
どーぞ

ニンジャ・ロール。
（マグロ・天ぷら・アボカド
・クリームチーズ……これは
おいしいに決まってるね！）

海苔が内側に巻いてある
から、噛み切りにくい～
ひと口で食べるものなの？

3色選べる
シェイブアイス。

味だけ考えて
チョイスしたら
こんな汚い色に…

ハワイ島らしい、のどかなABCストア。

ABC STORE

・ファーマーズマーケットは奥に広く、アクセサリーや手作り品が多く売られていた。（買ったものは、154頁に）
・巻き寿司のお店は、注文がキャパを超えると、一旦閉めるシステム。（なかなか合理的）
＊サムライ・コーヒー。お会計後、なぜか自家製のトマトやみかんをくれた。「いい人にはあげるの」って言いながら。

最後の朝。ヤモリのお見送り、そして車の返却

ハワイ島 最後の朝、
ラナイにヤモリたちが、
わんさかやってきた！
まるで、お別れのあいさつに
来てくれたかのように……↓

「最後のドライブ」は、
空港の近くのレンタカー屋さんへ
車の返却。

あのヒビの入ったミラーについて
説明しなければ、と
いろいろ英文を考えて
覚悟していたが……

着くと、
すぐに車を降りるよう促され、
スタッフがトランクを開け、
私たちの荷物を、さっさと
シャトルバスに運んでった。
そして私たちも、
早くそのバスに乗れ、
と急かされ……
……あっけなく、終了〜。
い、いいのか？

なんと……おとがめなかったね……
……まあ、全保険入ってたからこんなかんじなのかな……
……にしても、ねえ……

後から追いかけて来るんじゃないかと、気もそぞろな車中であった。

■最後のマナゴのラナイ■

か……
かわいい……

かわいさに、放心状態。

このラナイには、今まで1回も、来たことなかったのに…なぜ今日来てくれたの……

チェックアウトの時間ギリギリまで、その姿を見ていた。

入れ替わり立ち替わり、4〜5匹やってきた。

昨日、サムライさんにいただいた、みかんとパッションフルーツ。（リリコイ）

慣れ親しんだラナイでの、最後の朝食。

このラナイから、何回も海を眺めたけれど、この朝の色が、今までで一番美しかった。

・昨夜、ラナイに出ると、前回は感じなかった花の匂いがした。ここでもプルメリアが咲き始めたんだ。
・マナゴのラナイ……毎日違う海の色、庭の木々と鳥たち、そして、虹とヤモリ………いい思い出がいっぱい。
・ミラーの件……帰国後に何かしら連絡があるのかな、と思っていたが、それもなく……ほっ。

そして、空港へ

いよいよ空港へ。
う〜ん、いい風…
……って、
このコナ空港、
徹底して自然派！
保安検査場も
搭乗口も、
「外」にある。
（一応屋根はある）
よく見ると、
電光掲示板もない。
あ、アナウンスも
なかったかも……
古いとか小規模だから
とかじゃなくて、
意識して
そうつくられてるとこが
スゴイ！

「搭乗」も、
もちろん徒歩で。

遊園地のアトラクションに並んでいる……のではなく、「保安検査」（セキュリティチェック）を待つ列です。

沖縄の離島の船着き場で船を待っている……のではなく、
オープンすぎる、飛行機の「搭乗口」（ゲート）です。
風が通り抜け、足元には小鳥がやってきます。

風に吹かれながら
飛行機を待つ。

ハワイ島一周……
したんだね……

ハワイ島っていっても、
いわゆる「ハワイ」のイメージとは
かけ離れた景色が続くから、
時々、どこの国を走ってんだっけ？
って、ヘンな気分になったよね。
タイ？ ベトナム？ ヨーロッパ？
北海道？ 伊豆辺り？……って。
黄色いスクールバスとすれ違って、
あ、アメリカだ、
ハワイの道を運転してるんだ、って……

……ほんとに空港なのか……？
そよ
そよ
そよ
そよ
そよ
自然の風、漂いすぎ……
ちゅん
ちゅん
ちゅん

車の旅、
ムリかと思ったけど、
終わったんだな。
よく出来たな……ほんとに。

運転、おつかれさまでした。
ナビも、おつかれさまでした。

シルバーで地味な
フォードくんも、
おつかれさまでした。
いろんなところに
つれてってくれて、
ありがとう。

ココロの中では
真っ赤だよ

ハワイ島、
ありがとうー
パホエホエ～

ちょいと走馬灯

■ホノカアで見かけた雑貨いろいろ■

お土産Tシャツ。
ワイ、ピィ、オゥ、…ってなんだ？……あっ！

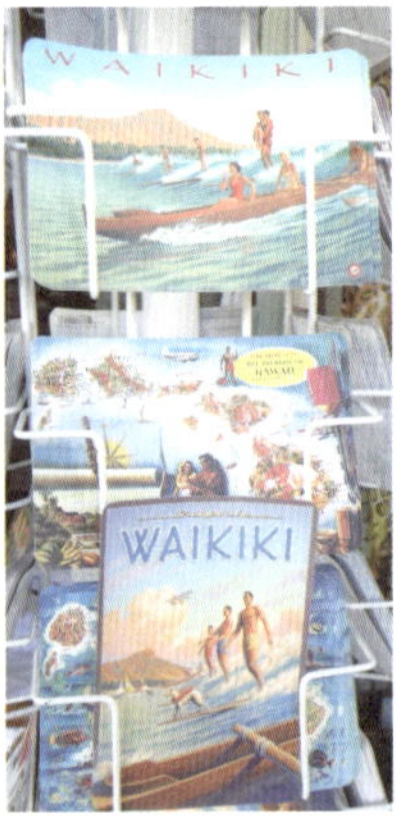

リバイバル的なポスト・カード。ハワイを知らない人が描いたのか、ふざけてるのか……サーフィンやフラダンスの様子が、なんかオカシイ。

じわじわくる

なぜか まったく色褪せていない。

アンティーク屋さんの窓に、草刈さん with パーマネント器。

アンティークのナンバープレート。
虹やカメハメハの絵が描いてある。

目の離れ具合が的。

■かわいい、ワイメアの山■

色も形もかわいい山が多かった。

おっぱい山と呼んでた、
なめらか～な、ふたこぶ山。

■そして 85 頁のあのフルーツは……■

マメイまたはボクサ ポテト。
味は…薄味のマンゴープリン？

チコ。何日経っても硬く、
渋柿のようで、いつまでも
食べ頃にはならなかった…

＊どちらも、1個ずつしか食べてないので、たまたまの味かもしれません

結局どちらも、あの「黄身しぐれフルーツ」ではなかった。

＊後で調べたところ、黄身しぐれ…は「エッグフルーツ」というもののようです

■たのしい自炊タイム■

オノリシャス・ナイトの影響？いろんな組み合わせを、次々クラッカーにのせてみる。

アンネルさんが貸してくれた
このテーブル…最高でした。

シャンツァイ、
インゲン、
フモス。

オリーブとポイ。

この時間のカイルア・コナの、ちょっとせつない色がすき。

MADE IN HAWAII
BIKINIS & BOARDSHORTS
BE KIND
ISLAND FINDS & JEWELS
FINE SURF ART

店頭に、カラフルなサーフボードの案内板。

ホノカアの老舗らしき美容室の入口に…

Closed Today
Tuesday
Feb 3rd 15
I am
Very Sick
Sorry
Zelina

「本日休業。とっても気分が悪いの」
……心配です。

もちろん、こんな青空もいい。

パパイヤ、スターフルーツ、オレンジ、アボカド、パッションフルーツ…

■アンネルさん、クロックポットを熱く語る■

Proctor-Silex

クロックポットがあれば、すっごく簡単にラザニアが作れるのよ。材料を入れて、スイッチをひねるだけ！そのあいだ、なーんにもしないのよ、なのに、あけてみるとね…
アンネルさん、テレビショッピングの人みたいになってるよ～
…え？あらやだ、ほんとだね！

ORGANIC FRUIT STAND

路上のかわいい無人販売。

……ずっとこの体勢でスマホをいじってた人…

北部の町カパアウ。かわいらしい風景が続く。

教会の外壁に、溶岩やサンゴが使われている。

SMILE

見晴らし台で……
「ジャンプ！して撮影」に、
大きめのカップルが
何度も何度も
挑戦していました。

視線を感じると思ったら……

種類豊富な「フムス」にびっくり。
アラブ料理なのに。

かっこいい、チェロキー。

バニヤンの木に作られたラナイ。
ハックルベリーの「木の上の家」と
関係あるのかな？

最後の荷造り

最後の朝、チェックアウト2時間前。まだ全然荷物詰めてない！

つい
ヤモリに
うつつを…
うわ
こんな
時間…

あちこちに散乱中……

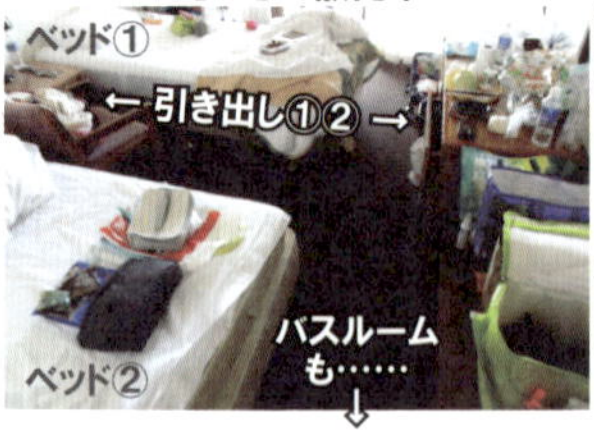
ベッド①
← 引き出し①② →
ベッド②
バスルーム
も……

鏡台の上…

床にも…

この後レンタカーを返して飛行機に乗るから、
きちんと荷造りしなくては。もう、これまでみたいに
「トランクに テキトーにぶち込む」というわけには いかない…
こんなことで、旅の終わりを感じる……さみしい……

赤い雲が迫ってくる。

貝細工のモザイクテーブル。

陶器のタイルよりも、
この島らしくていいね。

思いきり西日が当たっていたカフェ。
まぶしくないのかなぁと 中をのぞいてみると、
……お客が全員、サングラスをしていた。

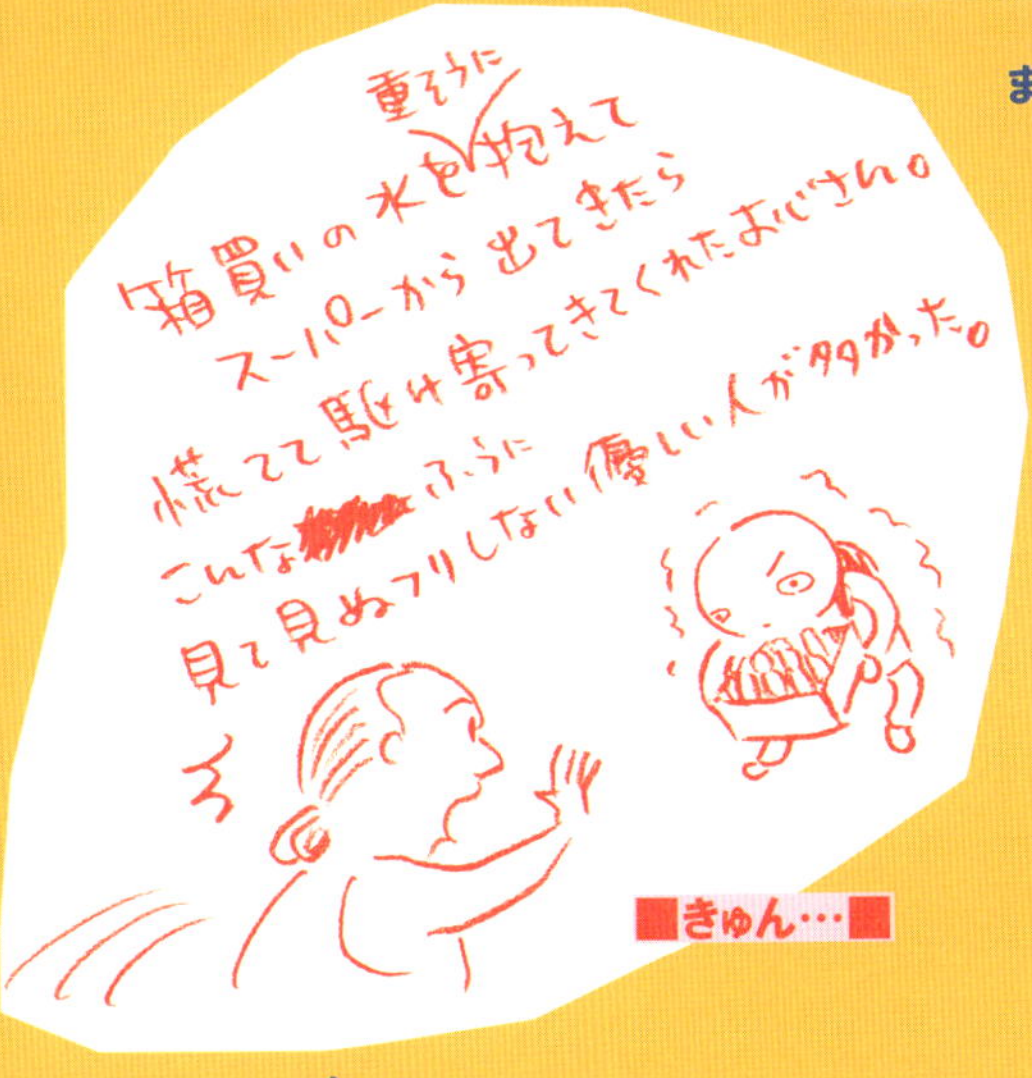

箱買いの水を重そうに抱えて
スーパーから出てきたら
慌てて駆け寄ってきてくれたおじさん。
こんなふうに
見て見ぬフリしない優しい人が多かった。

■きゅん…■

■パンノキの真実■

レジへ行く人
えっ
コナの市場で
ぐずぐずになってる
パンノキの実発見。
え？これってまだ
大丈夫な状態なの？
マナゴで処分したヤツは
食べ頃だったのかー？？

どどーんと ふくらんで、隣のバニヤンに つながってる。
↑家
↑ヒト

93頁のバニヤンの木を、反対側（内側）から撮ったもの。

誰も見てなかったら、
シェイブアイスになってみたね。

高いビルと、ぎゅうぎゅうの車に四方囲まれて、
埋もれていくかんじ……

片側5車線もある……！

オアフ島、ホノルル空港からワイキキへ向かう。
車の多さ、道の複雑さ、ビルの多さ!!
ハワイ島からここに来たら
きっとそこに目を丸くするんだろうな、と
想像はしていたけど、
……こんなに、こんなに、こんなにだったか。

タクシーの運転手さんは、
日本語の話せる、物静かな白人男性。
彼は、しばらく「話しかけないでオーラ」を出していたが、
私たちがハワイ島を一周してきたこと、さらに
徒歩でワイピオ渓谷の谷底まで下りたことを話すと、
静かにコーフン、少しずつ話し始めた。

彼は学生の頃、ワイピオ渓谷のタロイモ畑で、
アルバイトをしていたそうだ。
「そう、君たち、谷の底まで、歩いて行ったの…
そうか……それはいい経験ダッタネ〜！」

ハワイ島、
行ってよかったな。
ワイピオの坂、
歩いてよかったな。
そしてその経験と一緒に
ワイキキに来られて
うれしいな。

↑運転から開放された人

↑ナビから開放された人

車窓がゆっくり眺められるヨロコビ。

■ワイピオの思い出■

聖なる力（マナ）で守られた渓谷。

・タクシーは、事前予約するシステムのものを利用。2人だと、シャトルバスよりも安い。
・ワイピオのあの坂で、運転手さんの知り合い（その土地の人）が、心臓発作で亡くなったとか……やっぱキツイんだ……

第5章

オアフ島編

なぞる旅

今回の旅

ハワイ島一周の後、
私たちはオアフ島に降り立ち、
その中心地ワイキキで
1週間を過ごしました。

なぞる旅

ワイキキは、
過去10回は 訪れている。
……と言うと、
さぞディープな情報を……
と、期待されるかも
しれませんが……

じつは毎回、ほぼ同じ旅で、
誰もが行くような場所にしか
行っていません。＊

なので、次はもっと
あちこち行ってみたいな、
いつか、もっと知られてない
場所を開拓してみたいな、
って、いつも思っている……

と、思い込んでいたところ、
最近気づいたことが……

もし自由な時間がいっぱいあったら、
自分は ほんとに、
新しいことを求めて動きまわるのかな。
やっぱり同じように、
「定番巡り」をしたりして？

この時間の風がすき。

恒例のおたのしみは、ラナイで食事。

中心からほんの少し離れただけで、この離島感。

＊両親、祖母、友人…毎回「ハワイはじめて」の人と行くことが多く、定番を一通りまわると、それで日程が埋まってしまうため。

もしかしたら、あちこち「行けない」んじゃなくて、
「行かない」んじゃないのか？……
家族のために定番をまわっていたんじゃなく、
じつは、誰よりも自分が、
「ああ、これ これ♡」
「ああ、ここ ここ！」……
って、「いつも通り」をたのしんでいたのかも……

そうだ、だって、
ハワイ＊は、自分にとって、そういう場所だから。

「あぁこの風」「あぁこの光」……と思う。
デューク像が立つビーチを見て、
「来たんだなあ…」と思う。
あの道を歩いて、あのレストランに行って、
あのスーパーで買い物をして……

「あぁ、これだよねぇ」って、
ココロがつぶやき続ける、そしてほんとにつぶやく。
そう、ここでは、「繰り返したい」んだ、
ここは、そういう場所なんだ。

というわけで、私たちが
そんなハワイをなぞる旅、
＝「これこれ」…について。

どーぞ

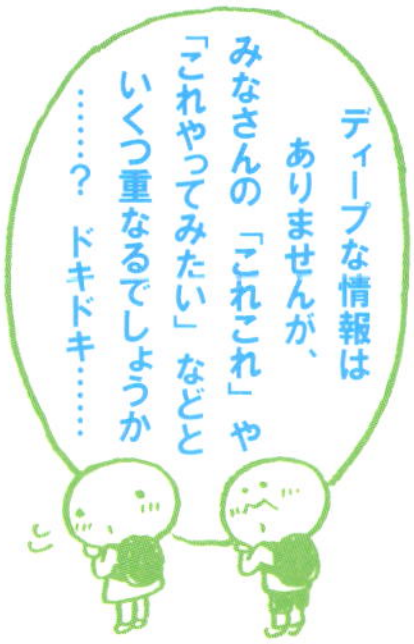
ディープな情報は
ありませんが、
みなさんの「これこれ」や
「これやってみたい」などと
いくつ重なるでしょうか
……？ ドキドキ……

ワイキキの中心地、クヒオ・ビーチ・パーク。

↑デューク・カハナモク像

街路樹、レインボーシャワーは、
春～夏の、おたのしみ。

日本人の観光の定番？ “この木なんの木”。

↑ヒト

歩道に香る、白いプルメリア。

＊ここからいう「ハワイ」は、漠然と、オアフ島、ホノルル、ワイキキ……のことを指します。

オアフ島

私たちの行ったとこメインです。

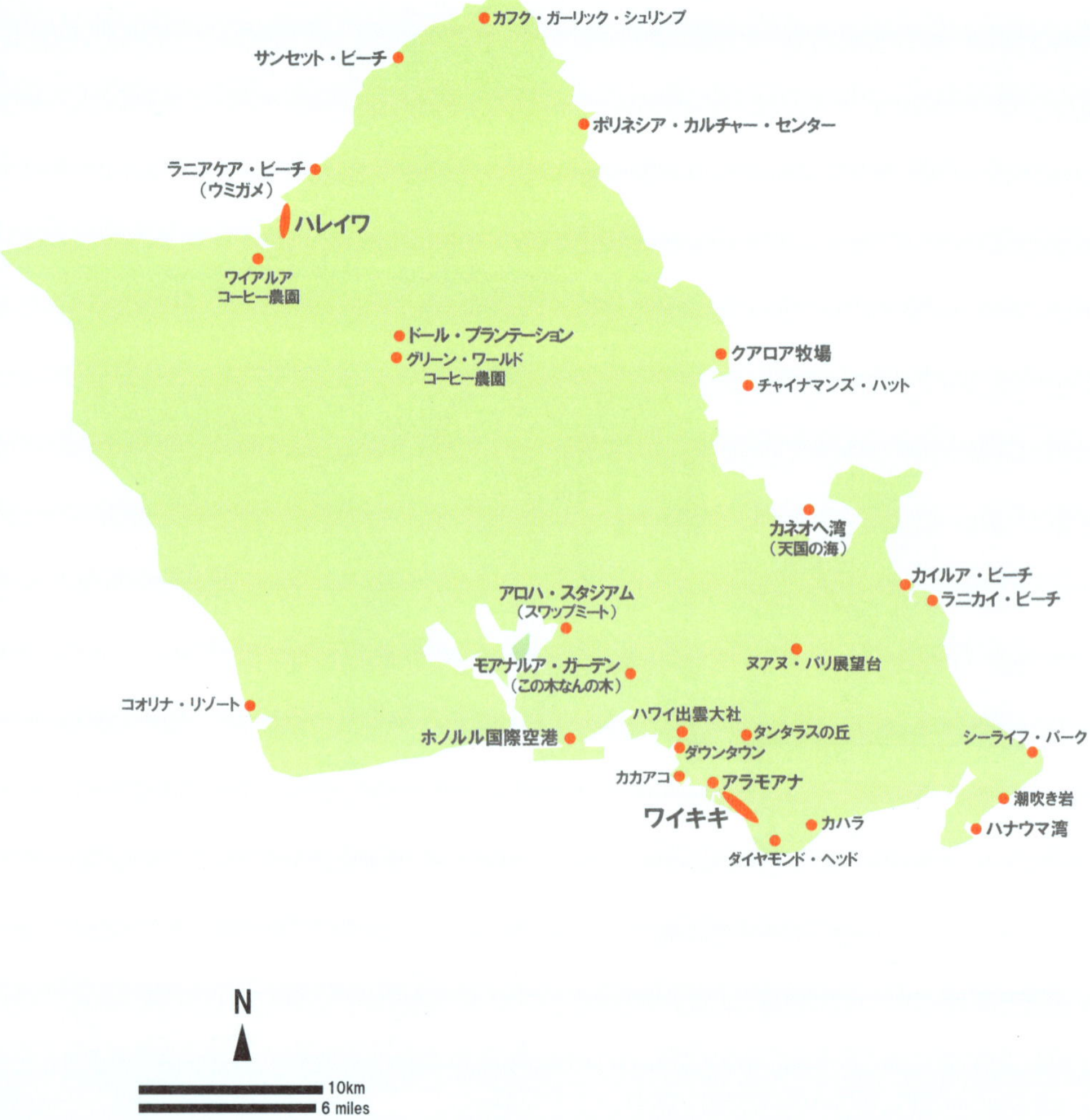
カフク・ガーリック・シュリンプ
サンセット・ビーチ
ポリネシア・カルチャー・センター
ラニアケア・ビーチ
（ウミガメ）
ハレイワ
ワイアルア
コーヒー農園
ドール・プランテーション
グリーン・ワールド
コーヒー農園
クアロア牧場
チャイナマンズ・ハット
カネオヘ湾
（天国の海）
カイルア・ビーチ
ラニカイ・ビーチ
アロハ・スタジアム
（スワップミート）
ヌアヌ・パリ展望台
モアナルア・ガーデン
（この木なんの木）
コオリナ・リゾート
ハワイ出雲大社
タンタラスの丘
ホノルル国際空港
ダウンタウン
シーライフ・パーク
カカアコ
アラモアナ
潮吹き岩
ワイキキ
カハラ
ハナウマ湾
ダイヤモンド・ヘッド
N
10km
6 miles

ワイキキホテルの悩み方

ワイキキ滞在において、ホテルをどこにするかは、重要な問題だ。でも多すぎて、何を基準に決めたらよいか、わからない～

場所、グレード、スタイル……

自分がハズせない「条件」をいくつか決めて、そこからなんとか絞っていく……


あなたはどのタイプ？

とにかく安く

中心部から離れるほど安い。

立地にこだわらないなら、「ホテル指定なし」のツアーがいいかも。

探せばドミトリーもある。長期ならアパートを借りるのも。

ちょっぴりリッチに

…と一言でいっても、「高級ホテルで指定なしの部屋」か、「ランクが下がるホテルで いい部屋を指定」か…

部屋だけでなく、ホテルの施設も加味して、じっくり考える。

部屋で過ごすことが 多い

高級ホテルでもベッド以外のスペースが狭くてくつろげない……ということもある。なので、名前やランクよりも、広さ、間取り、眺めのよいラナイ……など、実質的なところを重視して選ぶ。

ホテルに戻るのは夜だけ

フンパツしてオーシャン・ビューの部屋にしても、もし日中、ずっと出かけているのならもったいない。かえって、安いシティ・ビューにしたほうが、夜景が見られてよかったり。

子どもや高齢の方

立地が大事。町の中心に近ければ頻繁に部屋に戻れるし、治安面も安心。また、トロリーの停留所が近いかどうかというのも、大きなポイント。

小さな子ども連れ

キッチン付きの部屋が便利。

コインランドリーがあるのも重要。

（部屋に洗濯機があるというのが理想だけど、そういう部屋は少ないみたい）

時々 部屋食や自炊をしたい

キッチンとテーブルがある部屋がいい。

（そうなると、高いけど、スイート・ルームやコンドミニアムなどが理想）

でも部屋の中が狭くても、快適なラナイさえあれば、そこでたのしく食事が出来るので、工夫次第。

たとえばこんなホテル*

ワイキキ最古の風格
「モアナ・サーフライダー」
ベッドと枕がすばらしくて熟睡しました。

ラナイは、その「造り」も重要！

たとえば……

ここが→
「柵」じゃなくて
「コンクリ」だと、
座った時に景色が
見えない！

「ビーチコマー」

（今はホリディ・イン）

カラカウア通りのど真ん中で、立地は最高。

……の割に、格安。

「ハイアット・リージェンシー」
目の前に、一番有名なビーチがあるという立地。

← ……からの眺め。

「ミラマー・アット」
今はもうない。
安くて、立地も
よかったのにな。

「ワイキキ・ショア」

唯一、ビーチに面したコンドミニアム。

ビル群の最西端なので横に建物がなく、低層階でも眺めがよい。

↓

＊泊まったことのあるホテル（の一部）だけです。ホテル名は省略してます（～ワイキキ、～リゾート＆スパ、などの部分）
・同じホテルでも、部屋によって、眺めも広さも価格もまったく違うので、ほんとにホテル選びは大変。（たのしくもあるけど）
・行く前に事情を話しておくと、考慮してくれることもあるかも。（車椅子→バリアフリーの部屋、新婚→空いてたらグレードアップ）

これこれ その①
風景、そして風と光

「あぁ、来たんだなあ」
そうつぶやいてしまうのは、
やはり、この風景を見た時。
空の色、海の色、砂の色。
そして、風。
暑いのに汗をかかない
不思議な気候。
「あぁ これこれ、この風！」
ここに来たヨロコビが
じわじわと湧いてくる。

■ビーチとデューク・カハナモク像■

最もハワイを感じるのは、この風景。*
ワイキキ・ビーチの中心で、デューク像がある この辺り。
海も人も風も、なにもかもが キラッキラしてる。

この風景を、「トロリーに乗って眺める」のも「これこれ」。

ここのバス停は 乗降客が多く、長く停まっているので、写真を撮るのに好都合。（ただし、あらかじめ座る向きに注意〜）

こんなふうに停まります。

←進行方向。

■ビーチとダイヤモンド・ヘッド■

ダイヤモンド・ヘッドを
背景にした
この風景もまた、

「あぁ、これこれ」的風景。

でもここは、

「また来たなぁ」

って思うよりも、
はじめて来た人が、

「あー、ココ見たことある！」

「アレって、ココかあ！」

と叫ぶほうが多いかも？

＊知人は、この景色を「ハイアット・リージェンシーホテルの2階（＝フロント階）」から眺める時、「あぁ、今年もここに来られたんだなぁ」と、しみじみ感じ入るんだそうです。（左上の写真は、そこから撮ったもの）

これこれ その② トロリー

着いたら即乗りたいトロリー。
行き先が決まってなくても、
用事がなくても、
まず、乗りたいトロリー。
便利な足としてはもちろん、
すきな理由は、
風を感じられること。
（窓ガラスがない！）
ふわっと、花の香りも
顔をなでていく。
さらに、座席が外を向いているから、
横に流れて行く景色を
ずっと眺めて
いられるし、
運転手さんも、
優しくて
たのしい人が多く、
ハワイ気分を
盛り上げてくれる。
時々雨が降ってきたり、
日射しがキツイこともあるけど、
それも含めて、
ハワイの空気を感じられる乗り物。

風を感じる、座席の造り。

やっぱりウキウキするのは、カラカウア通り。ロイヤル・ハワイアン・センターがあって、そぞろ歩く人たちがいて、白い モアナ・サーフライダーが見えて…それから建物がなくなり、あのビーチが現れる。この 一連がすき。

モアナ・サーフライダー。

ロイヤル・ハワイアン・センター。

ABC STORES

ワイキキ・ビーチ・ウォーク（ルワーズ通り）。

手が
届きそうー

ワイキキとアラモアナの
あいだの公園では、
レインボーシャワー
の花が揺れています。

街を抜けて、
こんな風景が見られるコースも。

ダイヤモンド・ヘッドが
近付いて
きたー

・トロリーには、現地の会社「ワイキキトロリー」と、「各旅行会社のトロリー」がある。自分がパスを持ってるものにしか乗れないが、現地で購入出来るパスもある。また、クレジットカード提示で無料で乗れるキャンペーンも。

・トロリーに比べて、公共バスの運転手さんは機嫌がよくないヒトが多いような。観光と公共機関の違いかな……

これこれ その③ おさんぽ

散歩なんて、どこの町でも たのしめるかもしれないけど、海辺のリゾートで、こんなに
ぎゅっ と つまってる町は、少ないと思う。

たとえば、店がまばらで空き地が多い町は、とても道のりが長く感じられ、散歩というより、目的地までの、つらい「移動」になっちゃったり。

ここは、たらたら歩くのに、最高のカタチ。
そして、行き来する人も、多すぎず 少なすぎず。
お店が続くので、目も飽きず、
ビルが多いので ほどよい日陰、
そして、建物だらけなのに、
なぜか ここちよい風が吹く……

町歩きに飽きたら、
並行してるビーチに出て 裸足で歩くのもいいし、
少し行けば公園があるので、
ひんやりした芝生の上を歩くことも出来る。

そして、時間帯によって変わる空気感も味わいたい。
朝、人けの少ない町の冷たい風、
昼、日向と日陰を交互に渡り歩き、
夕焼けの時間は、ぜひ海が見えるビーチへ。
青の時間は*、レストランを品定めしながらそぞろ歩き、
夜は、食べすぎたお腹をさすりながら、
まだまだ賑やかな町を、
海風に吹かれて、ホテルに戻る……

*青の時間＝ブルーアワー。夕焼けの後、空が濃い青に染まる、わずかな時間帯。

早朝のカラカウア通りは、人がいないのが、新鮮。

青の時間は、意外と「町なか」散歩が魅力的。

裸足でビーチを散歩するきもちよさ。そして疲れたらすぐに、町に戻れる。

歩いているだけで しあわせ……
カフェで休憩？ ビーチに出る？

・車椅子の祖母と一緒に行った時、一度も車椅子を持ち上げる必要がなかった。行き届いたバリアフリー！
・腰痛持ちの母も、目が飽きないのか、道がよいのか、腰が痛いのを忘れて歩いていた。

これこれ その④
無料イベント

ハワイ島一周の旅で感じたのは、
町を歩いていても、
私たち観光客がイメージする
「ザ・ハワイ」が少ないということ。
考えたらそれは当然で、
日本だって、生活の場で
外国人観光客向けに
「ザ・和風」をやってるわけじゃない。

しかし、ここ ワイキキには、
その「ザ・ハワイ」が、
たくさん散りばめられている。

あちこちで きこえる ハワイアンソング、
歩いていれば見かける フラ ショー、
お店やレストランには、ハワイ的な装飾……

それはきっと、日光江戸村の中に
いるようなもので、
これは、「つくられたハワイ」なのだ。

……そんなことに気づいてしまったけれど、
それでも、それが、ワイキキのよさ。
この過剰な ザ・ハワイ が、
私たちのハワイなんだ。

生徒は9割日本人

■無料フラ レッスン■

Mountain…
Falling rain …
Rainbow…

先生が「動きの意味」を教えてくれるので、覚えやすい。

1時間で1曲を踊れるようになり、とてもたのしい。
毎回、出発前に開催日をチェックし、
優先的に予定に組み込んじゃう。

■フラ ショー 3つ■

■ビーチ・ウォークの…

一番すきかも…♡

プロっぽくない女の子たちが かわいい。
（たぶんいつも、このグループ）

■バニヤンの木の下の…

クヒオ・ビーチ・フラ ショー。
夕陽とセットで定番。

■ロイヤル・ハワイアン・センターの…

曜日によって演目が違うので事前にチェック。
フラ、ポリネシアンダンス、
ハワイアンソング、ものまねショーも。

・無料レッスンは、他にもいろいろあると思います。レイ作り、ウクレレ、ロミロミ・マッサージ……
・旧インターナショナル・マーケットの奥でやっていたフラ ショーもすきだったなぁ。

これこれ その⑤
レストラン・ショッピング

レストランの場合は、
なぞるより、新しいところを開拓したい！
……と思いつつ、ついつい、
おなじみのところに行ってしまうパターン。

あの味が食べたい、
またあの席に座りたい、
またあの雰囲気が味わいたい、
そんな思いで、つい、同じ店。

そして、旅のあいだ、
そんなに何回も外食出来ないので、
「新しいところに行ってもしハズレだったら…」
と思うと、なかなか挑戦出来なくて……

■毎回行ってしまうレストラン■

おなじみのレストランで席に着き、
メニューを開く。……うれしい瞬間。

はじめてのお店では、
システムや雰囲気になじむのに必死で、
余裕がなかったりするけど、
おなじみの店なら、その点、ゆったり気分。

その中で、違う席に座ったり、
はじめての料理に挑戦したり……
そのくらいで、充分、新鮮な気分が味わえる。

**たとえば、カリフォルニア・ピザ・キッチンでは、
必ず、炎の揺れる「テラス席」をリクエスト。
カラカウア通りを行き交う人を眺めながら。**

**そして、必ず「お気に入りの一皿」を頼み、
ピザは「毎回違うもの」を試してみるスタイル。**

**チーズケーキ・ファクトリー。
夕方から、この店の前が、待つ人でごった返す。
それがまた、「これこれ」な風景。**

■毎回食べちゃうもの■

滞在中、必ずどこかで1回は
ハンバーガーを食べてるかも。

■必ずのぞいてしまうお店■

ABC ストア、ドラッグストアやスーパー、
雑貨や洋服のお店……

はじめて行く店も たのしいけど、いつものお店で、
「あ、新商品だ」「これ はじめて見た」
……って、そんなのも、おたのしみ。

・「もう一度食べたい！」が増えてくると、限られた食事回数の中に、新しいものを入れられなくなってきて、大変……

これこれ その⑥
いろいろ編

毎回やることは
他にもこんなこと。

■シュノーケリング■

旅のあいだに、必ず1回は
海に入って、お魚と たわむれたい。

すすす、
すっごいのが
いたよ!!

浜辺からほんの数メートルの浅瀬で
魚が見られるのも、この湾のいいところ。

たいていは、ハナウマ湾で。
市バスで行けるから、ツアー代がかからないし、
海に入らない人も、ビーチでのんびりしている
だけで、たのしい。

おっとっと

■自炊、部屋食、ラナイ食■

数回は、部屋で作って食べる。
食材を買いに行くのも、
使い慣れないキッチンで料理をするのも…
みんなで わさわさと、
騒ぎながらの作業もまた、たのしい。

お肉
焼けたから
ビール
用意して〜

カウンターで朝食を♡

コンドミニアム・タイプの
ホテル。同じホテルでも、
キッチンの造りはいろいろ。

今回の宿のキッチン。
「低めの大きな台」が、
作業台にも食材置きにも
テーブルにもなって、
とっても便利だった。

ある日の晩ごはん。
青パパイヤの千切りなど
盛りだくさんサラダ。

コロコロステーキとインゲン。

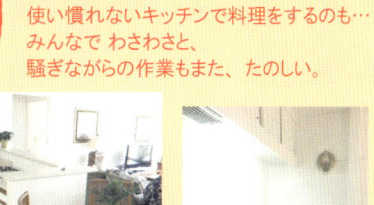

ある日の朝ごはん。

冷蔵庫にある材料を
工夫して、カナッペ。

家族6人で行った時は、
食事の用意も大がかり。

コンドミニアムの
気楽さは、
ハマるよね

■チャイナ・タウン～ダウンタウン■

時間があれば訪れる場所。
市場をのぞいたり、中華料理を食べたり……そして時々、カメハメハ大王に ごあいさつ。

市場を見た後、店先に座っていたおじさんに、オススメのレストランをきいてみたり……

・キッチン付きホテルには一通りの道具が揃っているが「さらに持っていくと便利なもの」は……
◇道具…まな板、ナイフ、スポンジと洗剤、箸、布巾など（＝衛生面で気になるもの）
　お椀、ラップ、輪ゴム、留め具、ビニール袋など（＝置いてなさそうなもの）
◇日本の食材…無洗米、乾麺、めんつゆ、オイル、塩胡椒、砂糖、粉茶、インスタントコーヒー＆味噌汁、混ぜご飯の素…
　（これらは現地でも売ってるけど、高かったり量が多かったり、買いに行く時間がもったいなかったりするので）

これこれ、じゃない、「はじめて」のこと

「これこれハワイ」は、
日程の8~9割として、後の1~2割は、
「その時はじめて」を取り入れる。
それが、今までの私たちの、
ちょうどいいハワイの過ごし方。
「はじめて」は、
新しいレストランの開拓だったり、
行ったことのない地区に行くことだったり、
フンパツしたホテルライフだったり……
いろいろあるけど、
一番手っ取り早いのは、
アクティビティに参加すること。
非日常的な体験なので、
その旅のアクセントにもなる。

WEDDING
オプショナル ツアー

現地でもらえるパンフ。

「はじめて」は、何にする？

■たとえば、こんなコト

■車をチャーターして

人数に応じたサイズの車がやってくる。

ハレイワの町に着いたよ~

運転手さんに頼んで、時間内で行きたいところに連れてってもらう。
（例：ノースショア地区、モアナルア・ガーデン、ドール・プランテーション、ヌアヌ・パリ展望台…）

■ディナークルージング

バス、ナンバー5!!
バス、ナンバー5!!

食べ放題付きのクルーズ。
フラを踊ったり、海からワイキキを眺めたり。
時期によっては、鯨が見えることも。

■天国の海でシュノーケリング

カネオヘ湾から船に乗って沖へ。
（潮によって、海の浅瀬に砂浜が現れる）

海の真ん中を歩くってヘンなかんじ…

この日は砂は現れず、半身浴くらいの浅さでした。

■ディナーショー

DINNER SHOW

そっくりさんショーやマジックショーなど。行動的なアクティビティが苦手な母たちに好評。

■クアロア牧場

このギザギザ山にほれぼれ。

この山のふもとで乗馬をしたり、ジュラシック・パークのロケ現場を見たり。

■カタマラン（双胴船）

カメがいたよ~

1時間ほどのセーリング。
ワイキキのビーチから出ていて、事前予約ナシでOKなのが、いいところ。

■ダイヤモンド・ヘッド登頂

虹だ~

登山口まではバスやトロリーで行ける。
そこから約30分。楽勝だったと言う人と、キツかったと言う人がいます。

またやりたいコト、もういいかなってコトも……

■ポリネシア・カルチャー・センター

■バナナボート

■潜水艦

■シーウォーカー

・他にも、タンタラスの丘、フォスター植物園、ハワイ大学、コオリナ、ワイアルア……などへも行きました。
・もちろん、これ以外にも、アクティビティや観光ツアーが、たっくさんあります。

そして、今回の旅は。

今回のオアフ島は、
この私たち
2人だけだったので、
「これこれ」6割、
「はじめて」4割、
……な
旅にしようと思いました。

私たちなりに
新しいこと、
今まで
出来なかったことを
盛り込んで。

では、
ここから、

オアフ島、ぐるぐる！

念願のラニカイ・ビーチ。

今回のはじめて 1
KCCファーマーズマーケットで、〇〇

KCCのファーマーズマーケットには
毎回行っている。
でも、土曜日のみの開催なので、
旅の終わりのほうに当たってしまうと、
野菜などの「食材」を買っても
使い切れないのが悩ましい。
しかし今回は、
たまたま旅の初日が土曜日。
そしてキッチン付きのホテルに
したので、自炊する気満々♡
はじめてこのマーケットで
思いっきり「食材」が買える〜

珍しい野菜あるかなー

■フライド・グリーン・トマト■

いつも長い行列が出来ていて、諦めていた。
（並んだ挙句、自分の前で売り切れたことも…）
青いトマトのフライ。やっとの「はじめて」。

FRIED GREEN TOMATOES

並んでるのは
ほとんど日本人。

おいしいけどねー……
ちょーっと高いかなー

←スライストマト3枚分で＄7。
日本円にすると……!?
（来るたびに上がってる？）

■こんな食材を買いました■

旅のたのしみ、
「旅先で、
現地の食材での料理」。
いろいろ使えそうな
トマト、インゲン、
シャンツァイ……（毎度）
そしてせっかく
南国なので、
またまた青パパイヤを
買いました。

海の野菜、
シーアスパラ。

海水で育つから、
このままで
もう、塩味。
ポリポリした食感が、
たのしい。
ビタミンやミネラルも
豊富なんだって。

いろんな種類のトマト。

焼きたてのバゲットは
3つで3ドル。まともな
価格でホッとする。

・このマーケットは、その場で食べられるものもたくさんある。ハンバーガー、BENTO、パンケーキ、カットフルーツなど。
・ジャム、蜂蜜、コーヒー豆、マカダミアナッツ…などの生産者さんは、ワイキキの町なかの店には卸していない方も多いので、ちょっと珍しいお土産として、いいかも。

そして
ハワイ島の続きのような、出会いが。

■ハワイ島でたどり着けなかったコーヒー農園■

アイカネ・コーヒー農園のブースへ。
以前、カウ・コーヒーを最初に買ったのが、ここでした。
日本人のスタッフの方と長話。

えー、パハラやナアレフまで行ったのー
そうなんです。でも、そちらの農園を見つけられなくて……（道の説明）
…そうそう、その道をひたすら進めばあったのに!
え〜、そうだったんですかー 引き返しちゃった、ざ〜んね〜ん
パハラのコテージに泊まったの? オーナーの彼女は知り合いだよー
えー、そうなんですかー
このコーヒーは、東京では このカフェで飲めますよ（名刺）
わー、今度行ってみますね

■ナッツ割り器との再会■

マカダミアナッツ屋さんを発見。（ここもまたハワイ島からの出店ブース）
殻付きのナッツが売られていた。
ここに、あの「使えないナッツ割り器」が、たくさん並んでいた。
使えないんだったよね……？？？　……もやもやした。

ヒロで、スーパーの店員に買うのを止められた、あの、ナッツ割り器。

↑殻付きナッツ。

コレで割るんですかぁ?
そうだよ、やってみる? 生のナッツはおいしいんだよ
（でも割れないんでしょー、コレ）
ん?
やってごらん。……あ、待って!
コレ、コツがあるの ナッツの「ヘソ」を上にするんだよ。
そうしないとうまく割れないよ!
あっ割れた!! ほんとだ!!
…だそうですよ! ヒロのスーパーの店員さ〜ん

・ここのマーケットで大人気のアワビも「ハワイ島産」だし、こうしてみると、ハワイ島の食品のブースって多いんだな。

今回のはじめて2
初♡ラニカイ・ビーチ

カイルア・ビーチの隣にある、
ラニカイ・ビーチ。
2つのビーチは、地図で見ると
「隣」なのだが、海岸沿いに
歩いて行けるものなのか、
ずっと気になっていた。

……で、今回、
カイルアの町で自転車を借りて、
2つのビーチを行き来して
確かめてみようということに。

結論を言うと、
2つのビーチのあいだは
崖のようになっていて、
砂浜は、途切れているみたい。
（泳ぎに自信がある人は、
海から行けなくもないみたいだけど…）
その、境の崖は、道路にまわると
「峠」の急坂になっていて、
ペダルを踏むたび太ももが震えた…

その峠を登りきったところで
眼下に広がった景色の……
その美しいこと！
はじめて上から
カイルア・ビーチを見た。

←いつも泳いでたのはこの辺り
わーっ
カイルアは上から見てもキレイだねー
ヤシの木はあんまりないね
こっち側にはサンゴがあるんだー

カイルア・ビーチの右に、小さな半島のようなものがある。この先にラニカイ・ビーチがあるのだが、どうやって行くのか…

「峠」の、ほぼ頂上辺りからラニカイ・ビーチの小島が見えた。

さ、もっと行ってみよ！

カイルア・タウンで借りた自転車。

ヘンなカゴだね
今日は風が強いね！砂埃が痛いよ

・貸自転車は、身分証も見せず、デポジットも取らないアバウトさ。

峠を下り、いざラニカイ・ビーチへ。
こちらは、まず、
ビーチへ出る、その「道」が、
魅力的だった。

それは、両脇に高い塀のある、
細くて白い砂の道。
どこか湘南の防砂林を思わせる、
そんな道が、10本ほどある。

そのどれを進んでも
同じビーチに出るのだが、
道の雰囲気や、たどり着く
景色が、微妙に違っていて、
なんだか、あみだくじを
進んでいるみたい。

ビーチには、
意外にも人が多かった。
アクティビティのアイテムや
ビーチチェアも置かれていて、
地元の人の憩いの場？

天国だと思っていた
カイルアより、
海の色がさらに透明で、
沖に浮かぶ小さな島の美しさもあり、
……去りがたい風景でした。

この道は、どんな風景にぶつかるんだろう？…って、その出会いの瞬間を、期待しながら進む。

きゃー♡

道の終わりは、ビーチにつながっていたり、船着き場のように すぐ海だったり……

このやわらかい水に、
ちゃぽんちゃぽん、と
浮いていたいよ……

淡い色の海も、沖に浮かぶ小さな島も……もう、ここにしかない、風景！

10本の細道は、上から見ると こんなかんじ？
民家の、石垣や生垣に挟まれて。

ビーチから1本入った住宅街も、いい雰囲気。
葉っぱが奏でる風の音だけがする、
最高のサイクリング・コース。

・砂は、カイルアよりも白くて細かくて、パフパフだった。

今回のはじめて③ 初♡スワップ・ミート

丸1日潰れちゃいそうなスケールなので
なかなか行く決心がつかなかった
スワップ・ミート（フリーマーケット）
に、今回やっと行ってみた。
公共のバスに1時間以上乗り、
開催地のアロハ・スタジアムへ。

球場をぐるっと囲むように店がある。
何かに、
「最近は業者ばかりになってしまって
残念に思っていたが、奥にちゃんと
地元の人の出店があった！」
とかいてあった。

そこを目指してみるが、
一周しても、
それらしき店はない。
そもそも円いのに
「奥」ってどういうこと？

……と、思ったら、
円の内側に、もう一周？
いや、もう二〜三周あった！
「奥」って、そういう意味か！
ひやー、何この店の数！
とてもまわり切れない〜！

今どの辺？
もう、一周した？

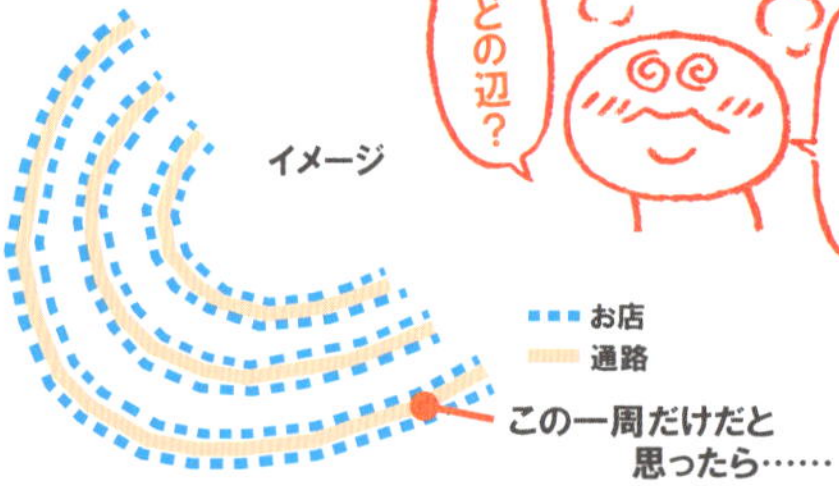

イメージ
お店
通路
この一周だけだと思ったら……

遠いけど、アラモアナから乗り継ぎナシで行けるので、座れればラク。

ぐるっと一周コースというのは、
ただ まっすぐ歩いて行くだけでいいので、
なかなか賢いレイアウトだと思います。
ただ難点は、「今どの辺りなのか、
まったくわからない」ので、
ペース配分がムズカシイこと。
そしてスタート地点がわからなくなって、
最後、まさかの……また迷った〜!!

「奥」の地元出店ブースは、ガレージセール的な家の不要品などが多かった。

バ、バス乗り場どっちだ？
出口がそっくりだよ〜

カッティングシートで手作り看板屋さん。

・「奥」は少ししか見ていないので、それが一周している（円になってる）かは、確認してません〜

今回のはじめて4 トロリー、1週間パスで！

トロリーの1週間パスを購入。
そのパスで行ける範囲には、
変わったルートが
たくさんあったので、
一通り乗ってみる。
車でしか行けないところ、
地元の人が多いエリア、
地味だけどハワイっぽい通り……
ただ乗って、そんな景色を眺めて
いるだけでも、飽きないよ～

クヒオ通りの1本奥、
だいすきな
アラワイ運河沿いの道。

この道を見ると
なぜか無性に
ジョギングしたくなるよ
普段
したこともないのに…

トロリールートに対して垂直に走る道。
座席が外側を向いているので、
こんな一本道も
よ～く見えるのです。

ローカルな通りに、味のある建物が続く。次来る時は、ぜひ歩きたいよ～

■トロリーで、ハワイ出雲大社■

1906年に創祀された、由緒ある神社。

境内にあった車の
ナンバープレート…

HAWAII
FEB
IZUMO
ALOHA STATE

ハワイ出雲大社

旅行安全の
お守り。

手水舎に、トイレにあるような
ハンドドライヤーがあった。

■トロリーで、カカアコ地区■

倉庫の外壁に、アーティストが思い思いの絵を描いている。広範囲に点在するので、歩いて見学するのは大変だけど、
トロリーから眺められるってのは、ありがたい。

・この会社のトロリーのルート、来るたびに変わってる気がする（増えてる）。車でしか行けない場所に行けて、とてもありがたい。
・↑に加えて、クレジットカード提示で無料で乗れるピンクラインも利用すると、選択肢が増える＝待ち時間も少なくなり、ほんっとにありがたい。

今回のはじめて 5 初ドライブッッ!!

今回の一番大きい「はじめて」は、オアフ島で、ドライブ。

この島で運転なんて、恐ろしくて 今まで考えたこともなかったけど、ハワイ島を一周してきて、なんとかなるかも……？

と、ちょっと思い……

現地で合流した友人も、交替で運転してくれるというので、挑戦してみた。

ワイキキの町なかを飛び出し、島の真ん中を突っ切って、北の地区、ノースショアへ。

それから時計回りに、東の海岸沿いを走って戻ってくる……ことにした。

怖い……

と言ってた割には、借りたのは、でっかいオープンカー。

ムスタングというやつです。

しかしまたシルバーか…

■出だしが一番難関■

まず大変なのが、ワイキキの脱出。道路は複雑だし交通量は多いし。これさえクリアすれば……

え、え、
車線変更
しちゃったほうが
いい ?!?
もー、こわすぎる
ハワイ島とえらい違い…
H-1 ウエストって
高速に乗るんだって。
どれだ？ どれだ？
…あ、看板あった！
あっ!!
そこ!!

■盲点■

運転中、風に舞う髪の毛が容赦なく目をふさぐ。（オープンカーでは髪を結わきましょう）

わーっ
ヤバイ、
見えない～

さあっ 行ってみよー

■ドール・プランテーション■

はじめて、ここの列車に乗ってみたよ。パイナップル畑は、すっかり収穫後だったよ……

■コーヒー農園■

壁面には、コーヒー広告のコレクション。

お店の人に味の違いをきいたら、「私は砂糖とミルクをたっぷり入れるのがすきだから、よくわからない」的なことを言うので、買うのをやめました……

・運転に勇気をくれたその友人も、海外で運転するのは2回め。（しかも右側通行は、はじめて……そ、そーなんだ……）

・今回も車の受け渡しの時に、一切操作を教えてもらえなかった。それどころか「後が詰まってるからさっさと行け」ってかんじで追い出され、バックミラーも直せず……。仕方なく、少し離れた路上に停め、そこでいろいろ確認をした。

サンセット・ビーチ

ビッグウェーブで有名なビーチ。

うわ、見て 波がチューブになってる！

ここの砂、なめらか♡ ツヤツヤな貝が混ざってるからかも

この辺りが島の北端。自分たちの運転で、ここまで来たよー

カフク

3時頃、遅いお昼ごはん、ガーリックシュリンプを食べる。

FUMIS

今まで食べた中で、一番おいしかった〜

きもちいいねーっ

クアロア牧場辺り

カタチは険しいのに、緑で包まれてやわらかい……そのギャップがたまらないんだよ…♡

このギザ山は、ハワイ島には なかった景色。

ラニアケア・ビーチ

カメが甲羅干ししていることで有名なビーチ。

ええ〜、今日カメいない……

……いた時。

さて、

そろそろ、ワイキキに戻ろー

ハレイワ・タウン

今回は、時間がないので通っただけ〜

FOOD GAS SHOPS BEACHES
HALEIWA
NORTH SHORE

マツモト・シェイブアイスやハッピーハレイワが有名。

この道なら私も運転出来るかな？？

やってみる？

・道の印象……町なかを抜ければ、ハワイ島と大差ないように感じた……つもり。
・車の印象……オープンカーだからか、車が大きいからか、身体が沈むように感じて、運転しにくかったかも〜

今回のはじめて6 BARに行く!

これまでのハワイ旅では、
あまり夜遅くには出歩かなかった。
だから、「飲み歩く」なんてことはなかったのだけど、
今回は、「バー」に飲みに行ってみたい。

入ってみたのは、
前回の旅で、昼間歩いてる時に目についたお店。
大柄な男たちが騒いでいて、
入るのに、ちょっと勇気がいったけど、
座って落ち着いて眺めると、
カウンターに、静かにひとり飲みをする人もいれば、
私たちの席は居酒屋っぽい雰囲気だったり、
すみ分けが出来ていて、居心地がよかった。

こういう飲み屋さんって、たくさんあるのかな。
もっといろいろ行ってみたいな……
結局、ここ以外、入れそうなところは
見つけられなかったけど。

次は…また雰囲気の違うお店を探してみたいな。
落ち着いたバーとか、
ハワイアンの生演奏がある店とか。
ハワイのバーで飲む、ってたのしみが出来たね。
………あ、そうか。
今回「はじめて」だったことも、
こうやって、次から「これこれ」になっていくんだね。

どーお? 入れそう?
うーん…

そーだね。
ね。

↑結局、食べに走ってます。

・お酒の写真を撮るの、忘れました……(緊張してた?)
・今回は、レストランもいろいろ開拓してみました。……が、かききれないので、またいつか。

ワイキキの通りを歩いていると、
高揚感と安らぎが
入り混じる、
不思議な気分になる。

歩いているだけで
こんなにしあわせな気分に
なる町って、
他にあるだろうか。

観光客は多いし、
意外とビルだらけだし、
決して「楽園」ではないのに。

たぶん……

今まで訪れた人たちの
しあわせなキモチが
この町に残っているんだ、

と、勝手に思っている。

上、見ちゃう
口角上がっちゃう
目尻下がっちゃう
くち、開いちゃう

ちょいと走馬灯

■オアフ島ごはん■

いつでも どこでも な〜んでもある、オアフ島のキラキラ食事情。

あちこちでガーリックシュリンプ。

変わり種のピザとおつまみ。

タイプいろいろパンケーキ。

ビールのおつまみ盛合せ。

朝食にエッグベネディクト。

物価が高いからドキドキだけどね

お部屋で、コンビニスイーツ。

海辺のレストランでプライムリブ・ステーキ。

ハンバーガー。

高橋果実店のフルーツ盛合せ。

■ハワイ島ごはん■

そして、フトコロ事情もあり、自炊が多かった、ハワイ島の食生活…

数少ない外食。

マナゴの、マヒマヒ（シイラ）ソテー。

「スフレエッグとサワードーフパン」

…ってどんなのかと思ったら…ほぼフツーの食パンと卵。

ヒロの宿の朝食は、パパイヤ食べ放題！毎朝いっぱい食べちゃった♡

インゲンのマヨ炒め。

焼き肉や炊飯以外にも大活躍したクッカー。

これのおかげで節約ライフも充実

トマトスープ。

ミートソーススパ。

ラーメン。

お米もよく食べたなあ。お弁当に大活躍。（持ってったものでは足りず、買い足した）

ショボイけど、日替わりの味が、案外たのしみだった。

日本ではなかなか売ってない青パパイヤを存分に食べられたのも、自炊ならでは。

ゴールデンシャワーとレインボーシャワーが満開の初夏は、ウキウキが増す。

タツタツタツ

呼んだ?

何度見てもウットリする……ギザギザの山。

ん? ペンキで描いた?…と二度見しちゃうカラフルな木。

樹皮が 剥がれて緑色が現れ、その色が、時間が経つごとに変化していくのだそう。

ハワイ島の「島の花」オヒア・レフア。

虹。

自分がこんなにリピーターになるとは思わなかった

くるっ

呼んだ?

10月には花が…

3月には実がなっていました。

一番有名なのは、モアナルア・ガーデンの“この木なんの木”(モンキーポット)。

■2大巨木■

木の中(?)に入って、下から見上げてみた。

傘の下に入ると……枝が、幹のように太い! また違った迫力がある。

こんな迫力のバニヤン・ツリーもモンキーポットも、町のあちこちにフツーにあることがスゴイんだよ…

とくにスゴイのはガーデンの奥にある2本!

バニヤン・ツリー。

ちょいと走馬灯

ビーチも
自然なまま。
それが
ハワイ島。

噴火、そして溶岩流が、いつ自分に迫ってくるかという生活なのに。心にあるのは、《不安》よりも《対策》よりも「そうなったら受け入れるだけ」

迫ってきた時のことを想像すると……

空気がおいしい。いっぱい吸っとこー

いろんな「黄緑」に出会った。

違う季節にまた走りたいな…

デッカイ空。毎日違うサンセットの色。

念願のコーヒー農園。はじめて食べたコーヒーチェリー。

わぁおいしい！立派に「フルーツ」だ、ココ食べないのもったいないよ～
甘ずっぱい♡

波が高くなった瞬間、吹きガラスみたいな「青」が現れた。

緊急避難の表示も
ペトログリフな人。

あっ、こいのぼり！

ハワイ島…次は上からも見るぞ〜

閉じ込められたらコレを引っ張って脱出!!

車のトランクの内側に付いていた金具。（夜光塗料付き）

「堤防に登るな」の看板。

ママが言えば効果的？

お花見ののぼりだね

ハワイ島では、あちこちで、日本人の残したものと出会える。

黄色い街灯に浮かび上がる丸太の電柱。打ち付けた金色の金具が似合ってる。

リゾート地の中の森。

もだえてるみたいな木がほんと苦手

↑道です…

ヒロのダウンタウン……

……繁栄した時代を想像して歩く。

車の旅は、いつもより沢山の風景と出会える旅。
でも同時に、それを写真に収めるのはムズカシイ。
あっステキ！……って思った時には、それはすでにはるか後ろ…

いろんな町の朝市を堪能したね。

心残りは、二度と出会えなかったエッグフルーツ…

天然黄身しぐれ〜

マウナケア山と、長ーい長ーい雲。

ハワイ島、
ぐるっと一周。

自分たちでアクセル踏んで、
じっくり、地べたを進んだ旅。

会う人ごとに
3週間も?と驚かれたけど、
私たちとしては、
駆け足だった気がしてる。

だって、
海だったり山だったり溶岩だったり、
暑かったり寒かったり、
潤ったり荒涼としたり、
高原だと思ったらジャングルに変わり…
日本風? ハワイ風? アメリカ風?
気候もいろいろ、人種もいろいろ……

……こんなもりだくさんの島、
イメージがひとつにならない島、
すべてをちゃんと感じるには、
とても時間が足りない。

「正面」から見る道、自分たちで運転したからこその眺め。

違う意味で時間が足りない、
オアフ島、ワイキキ。
ビル、車、人、店、イベント、アクティビティ…
ハワイ島とはくらべようもないほど、
たくさんのものが動いてる。
何回訪れても、決して終わりのないところ。

俗っぽい？ 商魂たくましい？
そうかもしれない。
それでも、確実に、オアフ島だけのよさ、
ワイキキにしかない空気があるということを、
ハワイ島から帰ってきて、
あらためて感じた。

……どっちもすき。
どっちも、ハワイ。

他のハワイはどんななのかなあ〜…
そーだねぇ
マウイ島、カウアイ島、モロカイ島…
マラサダ

お土産話

手作りのいびつさが味な、プレート。

自宅の一角をハワイアン BAR にする計画で購入〜

ちっちゃいヒトデちゃん。ちょい干物の かほり…

もっふもふな子と一緒に帰ってきました。

みつかっちゃった

ペトログリフ柄コースター。

円錐型の貝は、ブレスレットと指輪置きに。

ハワイ製のコロンやボディミルク。

オアフ島柄のエコバッグ。

ハワイ島柄の保冷バッグ。

衣服

せっかくなので「KONA」のTシャツ。

「HAWAII」もね。

薄手のロングスリーブはとても着やすい。←↓

↙ハッピーハレイワ。→

アクセ

涙型のガラスに閉じ込められた、海とヤモリとプルメリア。（もちろんこれらもガラス細工）

貝殻細工のペンダント For 母ズ。

ピアス For 妹ズ。

イキモノたち

自分土産

ホヌ（カメ）の鍋敷き。

カエル型の木製楽器。

コキッ

タイで買わなかったのにここで買っちゃった理由は、「コキッ」の音が出たから。

ステッカー ヤモリ。

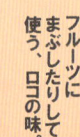

家の壁や天井に貼っちゃお♡

ブリキ ヤモリ、マグネット付き。

ビーズ ヤモリ。

食べ物

マルバディのパンケーキの素。バナナ味、ココナッツ味、オリジナル味。

ピリ辛チョコ。

リーヒンパウダー。（乾燥梅の粉）

フルーツにまぶしたりして使う、ロコの味。

旅のあいだお世話になったマッシュポテト「アイダホアン」を、お土産にも。

いろんなスーパーで買い集めた、8種類。

コーヒー豆でおやつ

コーヒー豆、そのまま食べても、意外とおいしい。あれこれかじってみて……「コーヒーを飲むとイマイチなのに、食べると香ばしい」豆があったので、チョコレートと合わせてみることにした。

100% KAU

湯煎で溶かしたチョコを一口大に。固まる前にコーヒー豆をのせるだけ。

100% コナ＆カウ コーヒー

右下2つ除く

100% Kona Coffee
KAU
PEABERRY
MEADOWS
KONA CAFE

この旅の収穫。価格に値する味であってくださいな！
……と願いつつ、この 13 種（×複数）買ってきました。
お財布スカスカ、スーツケースぱんぱん！

味が付いてると、止まらなくなるのがモンダイ

HAMAKUA
WASABI MACADAMIA NUTS
Wasabi Macs
100% HAWAIIAN MACADAMIA NUTS

定番の味付きでは、わさび味がお気に入り。

マカダミアナッツ

「殻付きナッツ」に出会ってからは、煎ってない、味を付けてない、そのままのものが、一番のお気に入り。

MACADAMIAN NUTS

ハワイ島の市場で もっと買ってくれば よかった〜 さびしー

2袋買ったが…１つはハワイ島で、
もう１つはオアフ島滞在中に、全部食べちゃった……

ナッツその後①

旅のあいだには、割れなくておあずけだった、殻付きナッツ。帰国後、さっそく食べてます。とはいえ、結局「ナッツ割り器」は買わなかったので、原始的な方法で割っています……

は？

カンッ
カンッ

「万力」では割れず、
カナヅチで。
何回か命中させ、
なんとか割れます。
……が、
せっかくの実まで
飛び散ってしまうので…

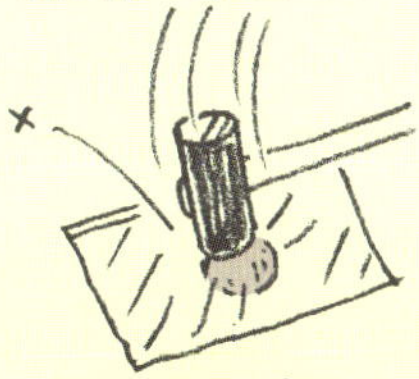

透明で頑丈な
袋に入れて、叩く！

……しかし、
ヘソがまわってしまったり、
実がつぶれちゃったり…
で、キレイに割れない。

その後……
モロカイ島のナッツ農園では、
こんな「手作り道具」を
使っていることを知る。

分厚いゴム的な
素材を丸めただけのもの。
穴の中にナッツを入れれば、
固定されるし飛び散らないし、
ゴムの厚みがあるから
下まで叩きつぶすことがない！

……ある日 玄関でひらめいた。

「このドアストッパーの
カタチと素材…
似てない？」

使ってみたら……大当たり！

ナッツはヘソを上に、道具は壁に固定。

壁

モロカイの道具同様
ナッツが粉々に
なることなく、
キレイに割れる！

ナッツその後②

「この殻付きのナッツって、一応「種」だよね。植えたら、芽が出るんだろうか……？」

……と ふと思い、5個 植えてみた。

待つこと
１ヵ月……
諦めかけた頃、
１個だけ芽が出た！

そしてすくすくと……

あんなに硬い殻を
割って出てきたかと
思うと、よけいに
いとおしい……

やっと 会えたね…
まんまる ナッツ…

はしりがき

ピィヨ ピョピョピョピョピョ
ピョピョピョピョピョ
ピョピョピョピョピョ…

ほちほち ほちほち

チーヒョ
チーヒョ
チーヒョ

朝は庭じゅうで
鳥の唄

溶岩流で燃えていく自宅の前で
杯を交わす家族

という話も まいった。
覚悟より ゆるぎない
ハワイ島の精神

観光スポット、ショッピングモール、レストラン……（ビーチも）
どこへ行っても、混み具合がちょーどいい。
……という不思議。それぞれのタイミングが……
自然に回転してってるかんじ。

ヒロの安宿のシャワー。
10分はハダカでお湯を待つ。

運転中の相棒が言う。
「右足の甲がかゆいーーーっ」
今、一番、どーにもしてあげられないコト。

帰ってきて部屋で
休んでると、
廊下からアンネルさんの
号令がかかる。
「もしもしー!! カウカウタイムー!!」
（お食事）

ワイコロアビーチリゾート
日本人に一番人気のでっっかいリゾート地で
社員旅行で来たおじさんたちに
「ワイコロアホテルはどこ?」とたずねられ
私たちは地図を見ながら応える。
「ワイコロアの『何ホテル』ですか? この敷地内に
いくつもホテルがありますよ」って、言っても言っても、
「うん、だからワイコロアホテル!」と頑張るおじさん。
たぶん、この規模、把握できてないんだろうな。

☆EGGFRUIT☆
そのままで ホクホクかぼちゃ?
きめこまかくて、水分 スイートポテト?
すくなめ、やっぱりほろほろ
甘味は~!!（ひかえめ）

このへんに
店を出せば
売れるのにー
フレッシュジュースとか
スナック的なものとか
ありがたいよね
「ハワイ島の黒糖」が
あるなら
「ラバシュガー」とかいって
売れるじゃーん
……って、そーゆー精神が
邪道なんだね

もったいない土地をみると
なんか商売ができそうだと
いちいち うるさい人

「手つかず風」のお手入れが行き届いてるオアフ島♡

「ほんとの手つかず」がいっぱいなのがいい島?

コーヒーの、ポットからの試飲中毒。
どーにかしたい気満々で
帰ることとなりまし

アンネルさんの話すことは、
半分はわかったと思う。東洋系の
発音というのもあるけど、一番は、アンさんが
私たちが理解してないと察すると、
さりげなく
言い換えてくれたり、ゆっくりと
話してくれたから。

毎朝! 熟れたパパイヤを
一生分! 鼻から出そうなくらい!
食べた——っ!!

北部にて
溶岩を忘れてた頃、
緑の丘にポコポコと
黒い岩の風景 おお~!!
久しぶりの溶岩~!……と
思ったら、食事中の
まっくろの牛だった。

溶岩見学。タバコの火を 固まった溶岩の上で
もみ消してる白人女性……に、なにやってんの?
とりあえず相棒をおこっといた。

黄色いスクールバスは、追い越しちゃいけないんだが、
前に、一時停止なのか、永久に
停まってんのかわかんないバスが。
しびれをきらして降りて
見に行くと、誰も乗ってなかった。

夜中、○がスヤスヤ眠る中、
ひとりでゴキと格闘。
たびたび 広げたBAGに入らないように、
相棒にたからないように、
殺虫剤がない中、 つぶしたくも
ない中、ぶんぶん飛んでくるヤツと
相棒のまわりで激しく舞う。

アンネルさん。
朝食時間の最後、片づける前に
皿に残ったフルーツを持ってきて、
全部食べて!と差し出した。
カウンターで立ったまま 全部
口に入れて出発した。

出発前、[redacted]編集のOさんに
ハワイ島の
パワースポット本を
いただきましたが……
こんな旅に
なってます
ダイジョブでしょーか…

ワイキキに着いて…。
自分のペースで歩けない
雑踏が久しぶり。
ハワイ島では、みじんも
感じなかったコト。
向こうでは、自分の
ペースでいられた
ってことなんだな

あとがき

この本の制作中 飲んでいたのは、
島のあちこちで買ってきたコーヒーでした。

「今日は ゴーゴルさんのコーヒーだよ」

「はい、 せっかちな おじさんの」

「マダムのと カウをブレンドしてみたよ」

味わうたび、 あの日々の光景が浮かびます。

そんなふうに、 現地の気分に浸りながら、 この本は出来ました。

私たちは、「ハワイ島をまわりたい」↓「やむにやまれず運転」…といういきさつでしたけど、
この島は、「海外でドライブしたい」と思う方に、 最適な場所ではないかと思います。
都会だと、 道も複雑で渋滞もありますし、
信号で止まっただけで犯罪に遭いかねない国や地域もあるとききます。
でもここは、 今振り返ると、 安全で、 舗装もキレイ、 道路も単純、 交通量も少なくて。
おまけに、 抜けるような景色が、 ドライブには、 もってこい。
またどこかで このような車移動の旅をしたいと思っても、 これ以上によい場所が思い浮かびません。
ハワイ島に出会えて、 ほんとによかった、
そう思いながら、 またコーヒーを淹れてます。

さいごに、
ハワイ島、 オアフ島でお会いしたみなさま、
そしてこの本の制作に関わってくださった
すべての方々に感謝します。
どうもありがとうございました。

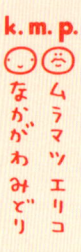

k. m. p.
ムラマツエリコ
なかがわみどり

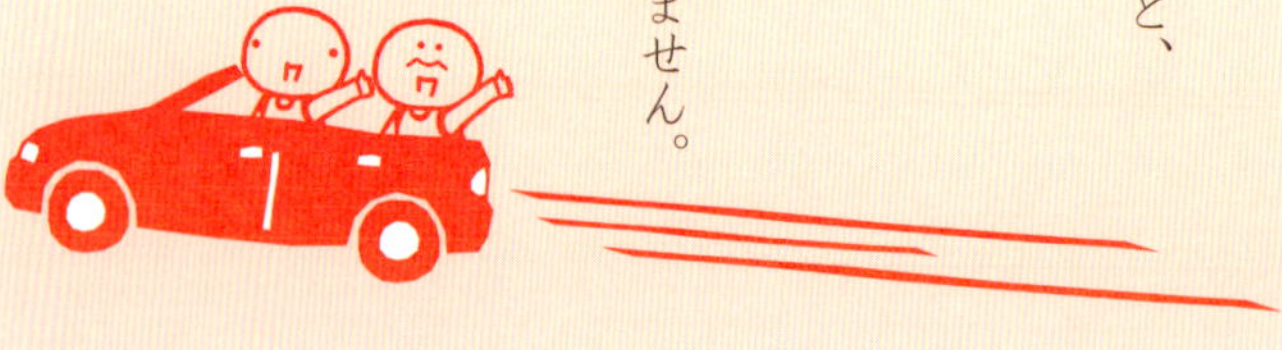

はるか昔に訪れた時の
ワイキキビーチ。

2人で活動してるユニット。
旅に出たり、本をかいたり、
雑貨をつくったり、イラストをかいたり、
その時したいと思ったことを、仕事としています。
しごと と あそび と 生活の一体化 が理想。

サイトで
販売ちゅー

この本は
55冊め

公式サイト「k.m.p. の、ぐるぐる PAPER」
ブログ「k.m.p. の、旅じかん、ウチじかん。」
つぶやき　@kmp_okataduke

全部入ってます

k.m.p. の、

ハワイぐるぐる。

車《くるま》で一周《いっしゅう》、ハワイ島《とう》 オアフ島《とう》の旅《たび》。

2015年　10月　27日　第1刷　発行
2015年　12月　7日　第2刷　発行

著　者
ブックデザイン　k.m.p.《ケー・エム・ビー》　なかがわ みどり　ムラマツ エリコ

発行者　千石雅仁

発行所　東京書籍株式会社
〒114-8524 東京都北区堀船 2-17-1
TEL 03-5390-7531（営業） 03-5390-7515（編集）

印刷・製本　図書印刷株式会社

ISBN 978-4-487-80920-2 C0095

運転中は、慌ててるか

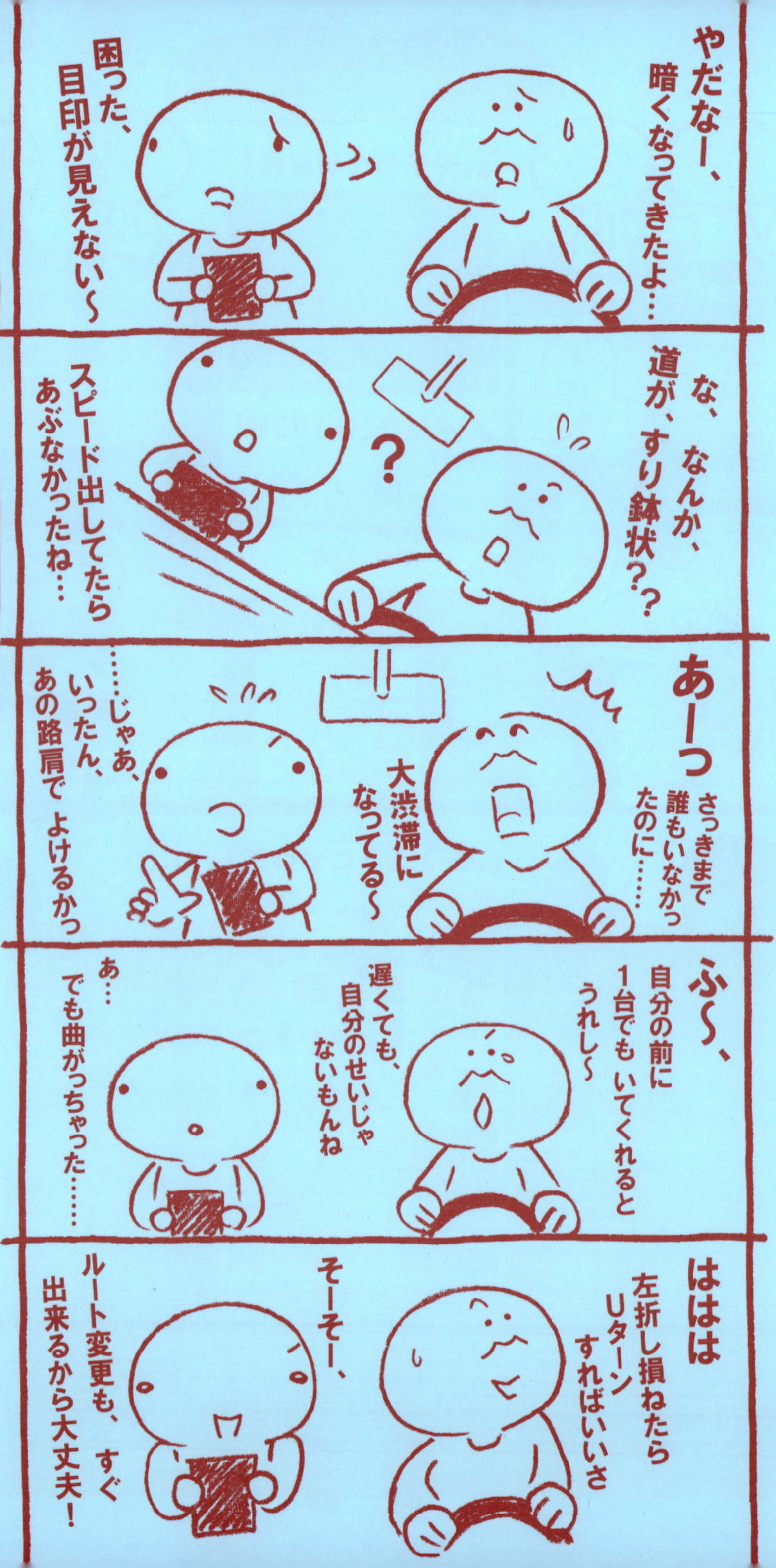

やだなー、暗くなってきたよ…
困った、目印が見えないい～
な、なんか、道が、すり鉢状？？
？
スピード出してたらあぶなかったね…
あーっ
さっきまで誰もいなかったのに……
大渋滞になってる～
……じゃあ、いったん、あの路肩で よけるかっ
ふ～、
自分の前に1台でも いてくれるとうれし～
遅くても、自分のせいじゃないもんね
あ…でも曲がっちゃった……
ははは
左折し損ねたらUターンすればいいさ
そーそー、
ルート変更も、すぐ出来るから大丈夫！